ENTENDENDO A IGREJA

Entendendo a grande comissão

MARK DEVER

D491e   Dever, Mark
Entendendo a Grande Comissão / Mark Dever ; [tradução: Camila Teixeira e William Teixeira]. – São Paulo: Fiel, 2019.

– (Entendendo a igreja).
Tradução de: Understanding the Great Commission.
ISBN 9788581326610 (brochura)
    9788581326627 (epub)
    9788581326634 (audiolivro)

1. Grande Comissão (Bíblia). 2. Evangelização. 3. Missão da Igreja. I. Título. II. Série.

CDD: 266

Catalogação na publicação: Mariana C. de Melo Pedrosa – CRB07/6477

Entendendo a Grande Comissão –
Entendendo a igreja
Traduzido do original em inglês
*Understanding the Great Commission
 – Church Basics*
por Mark Dever
Copyright © 2016 por Mark Dever e 9Marks

■

Originalmente publicado em inglêspor B&H Publishing Group, com todos os direitos internacionais pertencentes a 9Marks.
525 A Street NE, Washington DC 20002.

Esta edição publicada por acordo com 9Marks. Todos os direitos reservados.

Os textos das referências bíblicas foram extraídos da versão Almeida Revista e Atualizada, 2ª ed. (Sociedade Bíblica do Brasil), salvo indicação específica.

Copyright © 2018 Editora Fiel
Primeira edição em português: 2019
Todos os direitos em língua portuguesa reservados por Editora Fiel da Missão Evangélica Literária
PROIBIDA A REPRODUÇÃO DESTE LIVRO POR QUAISQUER MEIOS SEM A PERMISSÃO ESCRITA DOS EDITORES, SALVO EM BREVES CITAÇÕES, COM INDICAÇÃO DA FONTE.

■

Diretor: Tiago J. Santos Filho
Editor-chefe: Tiago J. Santos Filho
Editor: Vinicius Musselman Pimentel
Coordenação Editorial: Gisele Lemes
Tradução: Camila Teixeira e William Teixeira
Revisão: R&R Edições e Revisões
Diagramação: Rubner Durais
Capa: Rubner Durais
E-book: Rubner Durais
ISBN impresso: 978-85-8132-661-0
ISBN e-book: 978-85-8132-662-7
ISBN audiolivro: 978-85-8132-663-4

Caixa Postal 1601
CEP: 12230-971
São José dos Campos, SP
PABX: (12) 3919-9999
www.editorafiel.com.br

SUMÁRIO

Prefácio da Série *Entendendo a igreja* 7

Apresentação à edição em português 11

1. A Grande Comissão, você e a igreja local 13
2. A Palavra de Deus e o povo de Deus 21
3. O amor do céu, a verdade do céu e o povo do céu 27
4. Pregue o evangelho e reúna uma igreja 37
5. Ensinando com correção e supervisão 47
6. A membresia e um compromisso autoconsciente 53
7. Quatro práticas de uma igreja comprometida
   com a Grande Comissão 61
8. Mais uma prática de uma igreja comprometida
   com a Grande Comissão 75
9. Você deveria ficar ou ir? 85
10. O grande objetivo da Grande Comissão 93

PREFÁCIO DA SÉRIE ENTENDENDO A IGREJA

A vida cristã é vivida no contexto da igreja. Essa convicção bíblica fundamental caracteriza todos os livros da série *Entendendo a igreja*.

Essa convicção, por sua vez, afeta a forma como cada autor trata o seu tópico. Por exemplo, *Entendendo a ceia do Senhor* afirma que a Santa Ceia não é um ato privado e místico entre você e Jesus. É uma refeição familiar em torno da mesa na qual você tem comunhão com Cristo e com o povo de Cristo. *Entendendo a Grande Comissão* afirma que a Grande Comissão não é uma licença para que alguém, de forma totalmente autônoma, se dirija às nações com o testemunho de Jesus. Trata-se de uma responsabilidade dada a toda a igreja para ser cumprida por toda a igreja. *Entendendo a autoridade da congregação* observa que a autoridade da igreja não repousa apenas sobre os líderes, mas sobre toda a congregação. Cada membro tem um trabalho a fazer, incluindo você.

Cada livro foi escrito *para* o membro comum da igreja, e esse é um ponto crucial. Se a vida cristã é vivida no contexto da igreja, então você, crente batizado e membro de igreja, tem a responsabilidade de entender esses tópicos fundamentais. Assim como Jesus o responsabiliza pela promoção e proteção da mensagem do evangelho, ele também o responsabiliza pela promoção e proteção do povo do evangelho, a igreja. Estes livros explicarão como.

Você é semelhante a um acionista na corporação do ministério do evangelho de Cristo. E o que os bons acionistas fazem? Estudam a sua empresa, o mercado e a concorrência. Eles querem tirar o máximo proveito de seu investimento. Você, cristão, investiu sua vida inteira no evangelho. O propósito desta série, então, é ajudá-lo a maximizar a saúde e a rentabilidade do Reino de sua congregação local para os fins gloriosos do evangelho de Deus.

Você está pronto para começar a trabalhar?

Jonathan Leeman
Editor de Série

LIVROS DA SÉRIE ENTENDENDO A IGREJA

Entendendo a Grande Comissão,
Mark Dever

Entendendo o batismo,
Bobby Jamieson

Entendendo a ceia do Senhor,
Bobby Jamieson

Entendendo a autoridade da congregação,
Jonathan Leeman

Entendendo a disciplina na igreja,
Jonathan Leeman

Entendendo a liderança da igreja,
Mark Dever

APRESENTAÇÃO À EDIÇÃO EM PORTUGUÊS

A igreja de Cristo é mais importante do que qualquer outra comunidade, família, agremiação, sociedade secreta, empresa ou partido político. Ela é a família de Deus, o corpo de Cristo, a coluna e fortaleza da verdade, a assembleia dos santos, lavoura de Deus e a noiva pela qual Cristo veio, morreu, ressuscitou e voltará! Assim sendo, não podemos edificá-la do nosso jeito, conforme a nossa criatividade ou imaginação; mas, do jeito ensinado por Cristo aos apóstolos (1Co 3.10-15).

O pragmatismo tem levado a igreja brasileira ao crescimento numérico e ao distanciamento dos princípios eclesiológicos ordenados por Cristo e praticados pelos apóstolos. O resultado disto são igrejas lotadas de membros que foram atraídos por outras coisas, e não pela mensagem pura e simples do evangelho. Estes, sem o poder regenerador do Espírito, continuam vivendo para as coisas deste mundo, dão mau testemunho e não admitem qualquer tipo de disciplina eclesiástica.

Por isso o impacto moral e espiritual dos 40 milhões de evangélicos brasileiros em nosso país é pífio!

Assim sendo, é com alegria que escrevo este prefácio! Eis aqui um ótimo material para membros e pastores de igrejas locais! De forma amorosa, concisa e bíblica, este livro nos relembra os princípios eclesiológicos ordenados por Cristo. Princípios simples e práticos que Deus usa para edificar igrejas saudáveis. Através deles, temos a oportunidade de fazer um checkup espiritual, saber onde estamos acertando e onde temos nos distanciado de Cristo.

Pastorear ou ser membro de uma igreja de Cristo é uma grande honra, ao mesmo tempo, uma tremenda responsabilidade! Através da leitura e estudo deste material, que Deus nos fortaleça para perseverar naquilo que já estamos acertando; e que ele nos dê coragem para corrigir aquilo que não o agrada.

Pela sua graça e para sua glória,

Sillas Campos.,
pastor da Igreja Batista Central de Campinas
(Campinas/SP)

CAPÍTULO 1

A GRANDE COMISSÃO, VOCÊ E A IGREJA LOCAL

Uma maneira de descrever o objetivo deste livro é ajudá-lo a entender a Grande Comissão e o que ela significa em sua vida cristã individual.

A Bíblia não usa as palavras "Grande Comissão", mas há muito tempo os cristãos têm usado esse termo para descrever o último comando glorioso que Jesus deu antes de ascender ao céu. Você se lembra disso? Aqui está ele:

> Jesus, aproximando-se, falou-lhes, dizendo: Toda a autoridade me foi dada no céu e na terra. Ide, portanto, fazei discípulos de todas as nações, batizando-os em nome do Pai, e do Filho, e do Espírito Santo; ensinando-os a guardar todas as coisas que vos tenho ordenado. E eis que estou convosco todos os dias até à consumação do século (Mt 28.18-20).

Durante o seu ministério antes da crucificação, Jesus havia dito que a sua missão era apenas para as ovelhas perdidas de Israel (Mt 15.24). Mas agora, após a ressurreição, ele é o exaltado juiz de toda a terra. Ele ressuscitou com a autoridade do Todo-Poderoso, como o Filho do Homem mencionado em Daniel 7. O governo de Jesus se estende além de Israel para todas as nações. Ele tem *toda* autoridade no céu e na terra.

Depois de afirmar essa autoridade, Jesus diz aos seus discípulos que façam discípulos. Gramaticalmente, esse é o único verbo imperativo no original grego: fazei discípulos. E esse comando é cercado por três gerúndios, de modo que poderíamos transcrever as formas verbais assim:

Indo, *fazei discípulos,* batizando e ensinando.

O primeiro gerúndio — *indo* — é geralmente traduzido como "ide". Isso não é algo ruim, porque é a primeira palavra na sentença e ocorre antes de "fazei discípulos". Os leitores gregos compreenderiam que isso deveria receber ênfase especial. É bom, então, que o traduzamos como "ide".

Mas, se fazer discípulos depende de ir, de batizar e de ensinar, quem está enviando aqueles que vão? E quem está batizando e ensinando? Esse trabalho é realizado principalmente através da evangelização individual e do discipulado? Ou de alguma outra maneira?

AS IGREJAS CUMPREM A GRANDE COMISSÃO ATRAVÉS DA PLANTAÇÃO DE IGREJAS

Quando observo os livros sobre a Grande Comissão, eu vejo que eles muitas vezes se concentram em evangelização ou em missões. Eles enfatizam o que nós, como cristãos, fazemos individualmente. E eu escrevi um desses livros. Chama-se, *O Evangelho e a Evangelização*[1]. Espero que você o leia! Certamente, a Grande Comissão não pode ser cumprida sem que os indivíduos compartilhem o evangelho e o ensinem a outros. Mas isso é tudo o que há em relação à Grande Comissão: cristãos individuais segurando bilhetes de avião e folhetos sobre o evangelho em suas mãos? Ou as palavras de Jesus implicam em algo mais?

Isso nos leva à segunda maneira de descrever o propósito deste livro: Espero ajudá-lo a ver que a Grande Comissão é normalmente cumprida através do plantio e do crescimento de igrejas locais. As igrejas cumprem a Grande Comissão por meio do plantio de mais igrejas. Assim, a Grande Comissão envolve você, o cristão individual. Mas a Grande Comissão também envolve você *através* de sua igreja local. Essa é a maneira normal que Deus intenciona para que possamos ir, fazer discípulos, batizar e ensinar.

---

1 Mark Dever, *O evangelho e a evangelização* (São José dos Campos, SP: Fiel, 2011).

A PROMESSA DE DEUS A ABRAÃO E A NÓS

Você se lembra do que Deus prometeu a Isaías sobre o Messias séculos antes de Jesus dar essa comissão? Deus disse: "Sim, diz ele: Pouco é o seres meu servo, para restaurares as tribos de Jacó e tornares a trazer os remanescentes de Israel; também te dei como luz para os gentios, para seres a minha salvação até à extremidade da terra" (Is 49.6).

O primeiro verso do evangelho de Mateus invoca essa antiga promessa a Isaías voltando ainda mais atrás - a Abraão. Mateus 1.1 chama Jesus de "Filho de Abraão", lembrando-nos da promessa original de Deus a Abraão: "de ti farei uma grande nação" e "em ti serão benditas todas as famílias da terra" (Gn 12.2-3).

Em outras palavras, o testemunho da Bíblia é consistente: Deus sempre teve um plano para levar a sua salvação até os confins da terra: a todas as nações e todos os povos.

Agora, nos últimos versículos do evangelho de Mateus, encontramos esses discípulos reunidos sobre um monte com Jesus, aprendendo que a promessa de Deus da bênção internacional a Abraão culminou aqui. Aqui está como Deus cumpriria a sua promessa a Abraão. Aqui está como todas as nações na terra seriam abençoadas. *Todos* os discípulos seriam responsáveis por assegurar que a mensagem do evangelho chegaria a *todas* as nações, e que *todos* os discípulos de

Jesus Cristo seriam chamados a obedecer a *todos* os mandamentos de Jesus. Para esse grande empreendimento, Jesus lhes prometeu que ele, que agora possuía *toda* a autoridade, estaria com eles *todos* os seus dias, até que voltasse.

Essa seria apenas uma promessa para os primeiros apóstolos? Não. Jesus sabia que a vida dos apóstolos terminaria muito antes do seu retorno.

Em vez disso, Jesus prometeu que estaria com eles até o fim dos tempos, para que saibamos que essa promessa é para nós também. Jesus sabia que ele continuaria trabalhando de geração após geração, muito tempo depois que esse primeiro grupo partisse. Nós também recebemos a promessa da presença de Cristo.

Essa comissão é para nós!

O QUE É UMA IGREJA?

E essa comissão não é apenas para nós como cristãos individuais. É para nós como igrejas e membros de igreja.

O que é uma igreja? É um corpo de cristãos que estão em comunhão regular e responsável, onde a Palavra é pregada corretamente, e o batismo e a ceia do Senhor são administrados corretamente.

Permita-me explicar isso. Em primeiro lugar, uma igreja é um lugar onde a Palavra de Deus é pregada corretamente. Afinal, somos salvos pela pregação da Palavra de Deus. Deus cria o seu povo através da sua

Palavra: "E, assim, a fé vem pela pregação, e a pregação, pela palavra de Cristo" (Rm 10.17). É como se o mundo inteiro estivesse caminhando. Então, alguém fala das promessas de Deus; um grupo de pessoas olha para o alto, se vira e começa a andar na direção dessas promessas. Elas as ouvem e creem nelas. A Palavra pregada é fundamental para uma igreja.

Mas, em segundo lugar, uma igreja é um lugar onde as ordenanças são corretamente praticadas. Afinal, as ordenanças distinguem uma igreja. As ordenanças não nos salvam. Elas são sinais do evangelho e aquilo que usamos para confirmar uns aos outros como pertencentes ao evangelho. Elas são a forma como a comunhão da igreja exerce a sua responsabilidade uns com os outros.[2]

As pessoas, às vezes, dizem que a igreja é um povo, não um lugar. Na verdade, um tipo de lugar é necessário: você precisa de uma reunião de crentes. E depois você precisa da pregação da Palavra e da administração das ordenanças naquela reunião para torná-la uma igreja em oposição a qualquer outra reunião de cristãos. A Palavra nos cria como povo de Cristo, e as ordenanças nos distinguem.

Então, pense novamente nos quatro comandos da Grande Comissão: ide, fazei discípulos, batizai e ensinai. Quem faz tudo isso? Quem envia os cristãos

---

[2] Veja os dois livros de Bobby Jamieson na série *Entendendo a igreja*: *Entendendo o Batismo* e *Entendendo a Ceia do Senhor* (São José dos Campos, SP: Fiel, 2019).

que farão discípulos? A igreja local. E quem os nomeia como discípulos ao batizá-los e, então, os ajuda a crescer ao ensiná-los? A igreja local o faz.

A igreja local é o meio normal que Deus nos deu para o cumprimento da Grande Comissão. Essa é a mensagem deste livro.

ESTE LIVRO É PARA VOCÊ?

Quem então é o público pretendido para este livro? É para cada crente e, talvez, para o novo crente especialmente. Eu vou orientá-lo através da Bíblia, especialmente nos primeiros capítulos, e tentar fornecer-lhe alguns fundamentos para que você possa entender o seu cristianismo em relação à Grande Comissão e à sua igreja.

Algumas das lições, particularmente nos últimos capítulos, podem parecer mais relevantes para os líderes da igreja. Mas, ainda que sejam os líderes que têm uma mão mais firme sobre as alavancas programáticas na vida de uma igreja, em última análise, são os santos que precisam entender o que Jesus intenciona quando diz: ide, fazei discípulos, batizai e ensinai. Jesus dá a comissão a todos nós. Ele dá a comissão a você. Você precisa compartilhar a visão de Jesus. Você compartilha?

CAPÍTULO 2

A PALAVRA DE DEUS E O POVO DE DEUS

Muitas pessoas afirmam amar a Deus e, até mesmo, ter um relacionamento com ele. No entanto, elas não têm interesse em sua Palavra, que são os sessenta e seis livros do Antigo e do Novo Testamentos. Mas o que você pensa que minha esposa diria se eu dissesse que a amava, mas não mostrasse absolutamente nenhum interesse em suas palavras?

Você pode verificar o amor de uma pessoa por Deus pelo seu amor à Palavra de Deus. Na verdade, essa é a diferença entre o povo de Deus e o mundo: o povo de Deus, em toda a Bíblia, se reúne em torno da Palavra de Deus. Eles a escutam, a amam e obedecem a ela (veja Sl 119).

Concluí o último capítulo colocando uma lupa sobre a igreja local. Uma igreja local, eu disse, é uma reunião de pessoas onde a Palavra de Deus é pregada corretamente e as ordenanças são administradas corretamente.

Agora eu quero voltar e olhar para a Bíblia como um todo, do começo ao fim. O que encontramos é que toda a Bíblia se concentra em Deus revelando-se através da sua Palavra e fazendo isso para chamar um povo para si mesmo.

A PALAVRA DE DEUS

Deus deseja ser conhecido e deseja que um povo confie nele. Essa é a essência do Antigo e do Novo Testamentos. Deus faz promessas, Deus mantém as promessas, e devemos responder com confiança.

Vemos no capítulo 1 que é a Palavra do evangelho de Deus que salva e cria o povo de Deus. O evangelho é "o poder de Deus para a salvação de todo aquele que crê", diz Paulo (Rm 1.16).

Então a Palavra de Deus vem, e ela vem com um desafio: Você crerá e confiará em Deus com toda a sua vida?

Esse é o desafio feito ao longo das Escrituras. Deus se revelou falando a Adão, depois a Noé, depois a Abraão, e depois a Moisés. E Deus elogia a pessoa que, como Abraão, ouve a sua Palavra, crê nela (veja Rm 4) e que age de acordo com ela.

Ou pense na sabedoria do livro de Provérbios. A sabedoria de Deus vem, anuncia a verdade e nos convida a crer, a aceitar e a agir segundo a Palavra. Nós responderemos como o filho sábio ou como o filho tolo?

Assim, Deus nos dá a sua Palavra e as suas promessas, e devemos responder confiando na sua Palavra e crendo nas suas promessas. Adão e Eva, no jardim do Éden, não conseguiram confiar e crer. Jesus confiou e creu perfeitamente em toda a sua vida, mesmo no jardim do Getsêmani. Nós também podemos começar a ter o relacionamento com Deus para o qual fomos criados, ouvindo a Palavra de Deus e crendo nela.

Isso é fundamental para ser cristão. A Bíblia ensina que todos nós desobedecemos à Palavra de Deus e ignoramos os seus mandamentos. E como ele é um Deus bom, ele punirá o nosso pecado. Nossa única esperança de escapar de sua punição não é reformar as nossas vidas, porque isso não ajudaria nada em relação aos pecados que já cometemos. Precisamos de um Salvador e de um substituto — alguém que suportará o castigo de Deus por nós. E foi isso que o Senhor Jesus fez. Ele viveu uma vida de plena confiança na Palavra e na instrução de Deus. E morreu na cruz carregando o castigo por todos aqueles que se converteriam dos seus pecados e confiariam nele e em sua Palavra.

O POVO DE DEUS

A questão é: quem Deus deseja salvar? Será que ele quer apenas salvar indivíduos isolados? Não, ele deseja salvar um povo.

No início da Bíblia, Deus cria Adão individualmente à sua própria imagem. Mas Deus também segue o padrão — começando nesses primeiros capítulos — de criar um povo. Assim, ele não cria apenas Adão, mas Adão e Eva, e há algo da imagem de Deus refletida em Adão e Eva juntos, assim como na família que eles criaram.

O padrão continua. Noé e sua família são salvos; Abrão e sua família são chamados; a nação de Israel é separada em todo o Antigo Testamento. Deus não opera apenas com os indivíduos, mas com o povo de Israel.

O padrão corporativo faz sentido. Algo do caráter de Deus pode ser conhecido e manifestado apenas através das interações das pessoas umas com as outras. Considere o fruto do Espírito em Gálatas 5: amor, alegria, paz, longanimidade, benignidade, bondade e fidelidade. Quantos desses frutos você poderia praticar vivendo sozinho em uma ilha? Talvez alguns deles? Mas, de fato, essas qualidades só podem ser demonstradas enquanto as pessoas interagem umas com as outras.

Mais importante ainda, o que distingue o povo de Deus do mundo é que o povo de Deus escuta a voz de Deus e se reúne em torno de sua Palavra. Noé escuta a Deus quando ordenado a construir uma arca. Abraão ouve a palavra de Deus e segue a Deus em direção a uma nova terra. O povo de Israel deve ser separado das nações por sua obediência ao que a Bíblia chama de as dez palavras de Deus ou os Dez Mandamentos.

A mesma história é verdadeira no Novo Testamento. Examinaremos os evangelhos e as epístolas nos próximos capítulos. Por enquanto, vamos saltar para o Apocalipse e para o fim da Bíblia. Ali, descobrimos que Mateus 28 é cumprido na grande igreja celestial. Se você é um cristão, um dia você estará nesta assembleia celestial da qual o apóstolo João teve um vislumbre:

> Depois destas coisas, vi, e eis grande multidão que ninguém podia enumerar, de todas as nações, tribos, povos e línguas, em pé diante do trono e diante do Cordeiro, vestidos de vestiduras brancas, com palmas nas mãos; e clamavam em grande voz, dizendo: Ao nosso Deus, que se assenta no trono, e ao Cordeiro, pertence a salvação (Ap 7.9-10).

Aqui temos uma multidão de pessoas de todo o mundo testemunhando a fidelidade de Deus eternamente. Essas são as pessoas que creram na Palavra de Deus. Alguns foram perseguidos "por causa da Palavra de Deus" (Ap 6.9, 20.4). E o próprio Jesus é descrito como a Palavra de Deus (Ap 19.13). Essa assembleia é para onde nós estamos indo! Como é maravilhoso saber que a Grande Comissão *será bem-sucedida*!

Deus terá uma comunidade que o conhece e o louva como Deus. Esse é o quadro geral da Bíblia.

Ela começa com Deus se revelando através das suas palavras e é concluída com um povo que o conhece, confia nele e o adora.

DE VOLTA À IGREJA E À COMISSÃO

Suponha que usemos o *zoom* de uma câmera diante da Escritura, ajustando a sua lente de ângulo mais amplo para focar a igreja local. O que nós encontramos? Essa questão nos leva aos próximos capítulos. Mas lembre-se do que afirmamos ser uma igreja. É uma reunião de pessoas, edificadas sobre a sua confiança compartilhada na Palavra de Deus. É uma representação — uma prefiguração — daquela grande assembleia em Apocalipse. Qualquer reunião local não representa todas as nações, tribos, povos e línguas como aquela assembleia do fim dos tempos. Mas elas estão começando a fazer. Nós vemos as primícias. O inverno passou, e as flores da primavera começaram a aparecer. Apenas espere e veja!

A Grande Comissão, além disso, nos convoca a anunciar a Palavra de Deus às nações e a reunir o seu povo. Essa comissão nos convoca a *fazer discípulos* das nações para que eles também creiam e entrem.

CAPÍTULO 3

O AMOR DO CÉU, A VERDADE DO CÉU E O POVO DO CÉU

Sou pastor em Washington, DC, há mais de duas décadas. Quantos ciclos eleitorais isso representa? Mais do que um punhado de generais, jornalistas, senadores e funcionários do congresso norte-americano chegaram e partiram desde que cheguei pela primeira vez.

Não é incomum que jovens apareçam com grandes visões das mudanças que podem realizar. No que diz respeito à política, os cristãos devem lutar por boas mudanças. Essa é uma forma de amar o nosso próximo. O problema vem quando as pessoas tentam usar os mecanismos do estado — o poder da espada — para trazer o céu à terra. Se o cinismo caracteriza mais frequentemente as gerações mais antigas na política, a utopia é a tentação mais comum entre os mais jovens. Além do fato de que a utopia tem sido a fonte de algumas das maiores atrocidades da história, ela fundamentalmente entende mal os planos de Deus para a história. Nada no Novo Testamento nos ensina a esperar que o reino de Cristo venha e que a sua vontade seja finalmente feita assim na terra como no céu, graças ao trabalho de presidentes ou primeiros-ministros.

Mas há um lugar em que devemos buscar as primícias do céu na terra. Você se lembra de como eu concluí o capítulo 2? A igreja local, eu disse, é uma representação daquela grande assembleia sobre a qual lemos em Apocalipse. É onde podemos ver os primeiros vislumbres das flores da primavera do céu.

No último capítulo, nós saltamos do Antigo Testamento direto para o livro de Apocalipse, onde vimos a gloriosa assembleia final reunida a partir de cada nação, tribo e língua, e deixamos de lado os evangelhos, o livro de Atos e as epístolas. Isso precisa ser resolvido.

Começamos com Jesus. Como Jesus considera a igreja? E o que Jesus convoca a igreja para fazer e ser? Jesus ama a igreja inteiramente. E assim como Jesus representa o céu na terra, assim ele chama a igreja a fazer o mesmo.

O AMOR DE JESUS PELA IGREJA

Jesus amou a igreja até o fim. Isso é o que João disse antes de Jesus lavar os pés dos discípulos, simbolizando a lavagem mais permanente que Jesus estava prestes a realizar através da sua morte: "tendo amado os seus que estavam no mundo, amou-os até ao fim" (Jo 13.1).

Jesus comprou a igreja com o seu próprio sangue (At 20.28). Jesus fundou a igreja (Mt 16.18). Jesus direciona, instrui e demonstra o seu amor pelas igrejas encorajando e alertando (Ap 2-3).

O amor de Jesus pela igreja, de fato, fornece o modelo pelo qual os maridos devem amar as suas esposas. Paulo diz:

> Maridos, amai vossa mulher, como também Cristo amou a igreja e a si mesmo se entregou por ela, para que a santificasse, tendo-a purificado por meio da lavagem de água pela palavra, para a apresentar a si mesmo igreja gloriosa, sem mácula, nem ruga, nem coisa semelhante, porém santa e sem defeito. Assim também os maridos devem amar a sua mulher como ao próprio corpo. Quem ama a esposa a si mesmo se ama. Porque ninguém jamais odiou a própria carne; antes, a alimenta e dela cuida, como também Cristo o faz com a igreja; porque somos membros do seu corpo. Eis por que deixará o homem a seu pai e a sua mãe e se unirá à sua mulher, e se tornarão os dois uma só carne. Grande é este mistério, mas eu me refiro a Cristo e à igreja. Não obstante, vós, cada um de per si também ame a própria esposa como a si mesmo, e a esposa respeite ao marido (Ef 5.25-33).

Cristo se entregou pela igreja. Ele busca a sua santidade. Ele a purifica com a Palavra. Ele supre e cuida da igreja. Ele a ama como o seu próprio corpo.

DEMONSTRANDO O AMOR DO CÉU

Jesus ama a igreja de tal modo que deseja identificá-la consigo mesmo. Dentre outras coisas, isso significa que o nosso amor uns pelos outros na igreja deve ser semelhante ao seu amor. "Novo mandamento vos dou", disse Jesus, "que vos ameis uns aos outros; assim como eu vos amei, que também vos ameis uns aos outros. Nisto conhecerão todos que sois meus discípulos: se tiverdes amor uns aos outros" (Jo 13.34-35). A igreja deve demonstrar o próprio amor do céu. Esse amor de uns pelos outros é um distintivo dos discípulos de Cristo. Por meio disso, as nações saberão que pertencemos a ele.

Mas não devemos amar apenas os outros cristãos. Demonstramos o amor de Deus pelo mundo em nosso amor pelas pessoas de fora também. Jesus conecta o amor ao próximo com o amor a Deus. "Qual é o principal de todos os mandamentos?", perguntou o escriba. Jesus respondeu: "Amarás, pois, o Senhor, teu Deus, de todo o teu coração, de toda a tua alma, de todo o teu entendimento e de toda a tua força [...] Amarás o teu próximo como a ti mesmo" (Mc 12.28-31). A alegação de amar a Deus envolve um necessário elemento horizontal. Você pode ter tempos de quietude maravilhosamente ricos, mas se isso não se traduz em como você trata outras pessoas, então algo está errado. A maneira normal e natural de nós, cristãos, expressarmos o nosso amor para com Deus não é meramente cantar hinos a ele, embora isso seja maravilhoso, mas é também nos entregarmos em amor aos outros.

As igrejas devem ser centros para essa atividade amorosa. É nas igrejas que o amor do céu é manifesto, em primeiro lugar, no anúncio do amor de Cristo por nós no evangelho e, em segundo lugar, em nosso amor pelas pessoas de dentro e de fora.

RECONHECENDO AS VERDADES DO CÉU E O POVO DO CÉU

Uma vez que Jesus deseja identificar esse povo consigo mesmo e deseja que o amor de uns pelos outros represente o seu amor por eles, não é de se surpreender que ele queira que eles sejam marcados com o seu nome. Jesus quer que eles sejam formalmente reconhecidos como pertencentes a ele.

É por isso que Jesus, na Grande Comissão, ordena que todos os discípulos sejam batizados em nome do Pai, do Filho e do Espírito, e por que o livro de Atos se refere repetidamente a ser batizado no nome de Jesus. É como se Cristo quisesse que usássemos a identificação que tem o seu nome! Jesus deseja que as nações nos identifiquem com ele.

E lembre-se, Jesus é aquele que recebeu toda a autoridade no céu e na terra. O que os discípulos poderiam ter pensado quando o ouviram dizer isso? Seremos nomeados juntamente com aquele que tem a própria autoridade de Deus?

É importante não lermos a ordem de batizar de modo isolado, como os cristãos costumam fazer. Em vez disso, devemos lê-la juntamente com Mateus 16 e 18, onde Jesus já havia dado responsabilidade e autoridade, primeiro aos apóstolos e depois às igrejas locais. Quem tem autoridade para batizar e identificar as pessoas com Cristo? Em circunstâncias normais, é a igreja.

Em Mateus 16.16, Pedro professa que Jesus é o Cristo, o Filho do Deus vivo, ao que Jesus responde:

> Bem-aventurado és, Simão Barjonas, porque não foi carne e sangue que to revelaram, mas meu Pai, que está nos céus. Também eu te digo que tu és Pedro, e sobre esta pedra edificarei a minha igreja, e as portas do inferno não prevalecerão contra ela. Dar-te-ei as chaves do reino dos céus; o que ligares na terra terá sido ligado nos céus; e o que desligares na terra terá sido desligado nos céus (Mt 16. 17-19).

Em nome do Pai celestial, Jesus confirma Pedro e a resposta de Pedro. Então, ele dá as chaves do reino para fazer esses mesmos tipos de reconhecimento em nome do céu. Pedro e os apóstolos possuíam a autoridade do céu para afirmar confissões e confessores do evangelho, como Jesus fez com Pedro.

Mais notável ainda, Jesus depois dá essa mesma autoridade à igreja local no capítulo 18. Se uma pessoa que diz ser cristã foi confrontada várias vezes por causa do pecado não arrependido, Jesus conclui que a igreja deve avaliar o homem e depois, caso ele permaneça impenitente, deve tratá-lo como alguém de fora da igreja:

> E, se ele não os atender, dize-o à igreja; e, se recusar ouvir também a igreja, considera-o como gentio e publicano. Em verdade vos digo que tudo o que ligardes na terra terá sido ligado nos céus, e tudo o que desligardes na terra terá sido desligado nos céus (Mt 18.17-18).

A igreja possui a autoridade de tratá-lo como um incrédulo em virtude do fato de possuir as chaves de ligar e desligar. Assim como as chaves podem ser usadas para reconhecer uma verdadeira confissão do evangelho e um verdadeiro confessor, assim elas podem ser usadas para negar uma falsa confissão do evangelho e um falso confessor.

Por que eu diria que, ordinariamente, as igrejas locais possuem a autoridade para batizar? Porque Mateus 16 e 18 nos dizem que as igrejas locais possuem as chaves de Cristo. Elas possuem a autoridade para afirmar ou reconhecer confissões e confessores corretos, como Jesus fez com Pedro. E elas têm a autoridade para negá-los, como Jesus instrui a igreja a fazer nos casos de disciplina eclesiástica. Jesus conclui o episódio do capítulo 18 explicando: "Porque, onde estiverem dois ou três reunidos em meu nome, ali estou no meio deles" (v. 20). Quem tem autoridade para batizar em nome de Jesus? É o povo que se reúne em seu nome. Jesus permanece ali, diz o capítulo 18; e ficará ali até o fim, diz o capítulo 28.[3]

Para resumir, as igrejas possuem a autoridade para reconhecer a verdade do céu e reconhecer o povo do céu, assim como devem demonstrar o amor do céu.

O COMPROMISSO DE DEUS COM A PLANTAÇÃO DE IGREJAS

Cristo ama a igreja. E quando ele subiu ao céu, enviou o Espírito que deu dons à igreja, que a edifica. Pai, Filho e Espírito Santo estão comprometidos com a igreja. Pai, Filho e Espírito estão comprometidos com a plantação de igrejas.

A igreja não é fundamentalmente uma ideia ou uma criação humana, é fundamentalmente uma ideia e uma obra de Deus. Em certo sentido, Deus é o

---

[3] Para mais informações sobre esses capítulos e as chaves do reino, veja o livro desta série: Jonathan Leeman, *Entendendo a Autoridade da Congregação* (São José dos Campos, SP: Fiel, 2019).

grande plantador de igrejas! Ele ordenou aos discípulos que se reunissem em seu nome, batizassem em seu nome e ensinassem em seu nome.

Então, quando você está envolvido em uma igreja, você não tem que se perguntar se ela finalmente dará certo. Cristo prometeu que as portas do Hades não prevalecerão contra a igreja. Cristo prometeu que ele terá um testemunho para si mesmo quando voltar.

CAPÍTULO 4

PREGUE O EVANGELHO E REÚNA UMA IGREJA

Jesus intenciona que as igrejas funcionem de modo semelhante ao departamento de trânsito (Detran), mas em relação à vida cristã?

Quando o Detran lhe concede uma carteira de motorista, você pode dirigir para onde quiser. Eles lhe dão a responsabilidade, e depois é com você. Não há reuniões semanais de pessoas com carteira de motorista. Não há necessidade de conhecer os nomes dos outros habilitados ou de cuidar uns dos outros. Não há pastores de licença de motorista ou pastores cujo trabalho é certificar-se de que você esteja crescendo em sua compreensão sobre a segurança dos veículos motorizados.

Estranhamente, é assim que alguns cristãos ouvem a Grande Comissão de Jesus. O "Ide, fazei discípulos, batizando e ensinando" de alguma forma se torna

"Faça convertidos, dê-lhes a licença de batismo e depois deixe-os ir!". Sei que talvez as pessoas possam apresentar-se de vez em quando na igreja, como se renovassem a sua licença a cada poucos anos. E eles deveriam continuar lendo suas Bíblias e aprendendo. Mas isso realmente fica a critério deles agora.

Há uma série de coisas que poderíamos dizer em resposta à versão "Detran" da Grande Comissão. Em primeiro lugar, ela ignora o que os apóstolos realmente fizeram depois que Jesus ascendeu. Em segundo lugar, ela ignora o que a Comissão diz sobre o ensino. Em terceiro lugar, essa versão ignora o que a Comissão diz sobre a obediência. Aqui você tem o esboço deste capítulo e dos próximos dois!

ONDE O EVANGELHO VAI, AS IGREJAS APARECEM

Os apóstolos cumpriram principalmente a Grande Comissão apenas através da evangelização e do discipulado individuais? A ordem para "fazer discípulos" certamente envolve anunciar a mensagem. Mas como os apóstolos fizeram isso?

Considere a história da propagação do evangelho no livro de Atos. Acontece que a história da propagação do evangelho é a história da expansão das igrejas. Tudo começa em Atos, e depois a história prossegue: onde quer que o evangelho vá, as igrejas aparecem.

- No capítulo 2, Pedro prega uma mensagem de arrependimento e perdão de pecados. E "os que lhe aceitaram a palavra foram batizados, havendo um acréscimo naquele dia de quase três mil pessoas" (v. 41). Observe, novos discípulos foram acrescentados a *algo*. Acrescentados a quê? À igreja em Jerusalém (veja 5.11, 8.1).
- No capítulo 11, aprendemos que os dispersos pela perseguição em Jerusalém foram até Antioquia "anunciando-lhes o evangelho do Senhor Jesus" (v. 20), e "muitos, crendo, se converteram ao Senhor" (v. 21). A igreja em Jerusalém, então, enviou Barnabé para Antioquia a fim de ajudar com o projeto de plantio. Mais discípulos "foram acrescentados" (v. 24). Barnabé recruta Paulo, e, "por todo um ano, se reuniram naquela igreja e ensinaram numerosa multidão" (v. 26).
- No capítulo 14, Paulo e Barnabé visitam Icônio, e "falaram de tal modo, que veio a crer grande multidão, tanto de judeus como de gregos" (v.1). Então, foram a Listra e "anunciaram o evangelho" (v. 7). Em nenhum lugar, o texto diz: "E, então, eles iniciaram uma igreja". Mas isso é exatamente o que aconteceu. Meio capítulo depois, Paulo e Barnabé "voltaram para Listra, e Icônio, e Antioquia" (v. 21), e desta vez "promovendo-lhes, em cada igreja, a eleição de presbíteros" (v. 23). Os crentes se reuniram em igrejas.

- No capítulo 18, a igreja de Corinto foi plantada quando muitos ouviram, creram e foram batizados (v. 8).
- No capítulo 19, Paulo prega em Éfeso, e muitos se convertem. Novamente, o texto nunca diz explicitamente: "E eles plantaram uma igreja", mas quando chegamos ao capítulo 20, sabemos que foi exatamente o que aconteceu: Paulo "mandou a Éfeso chamar os presbíteros da igreja" (v. 17).
- O livro de Atos é concluído com Paulo pregando em Roma, e é claro que há finalmente uma igreja (ou igrejas) em Roma, como a carta aos Romanos atesta (veja Rm 1.7, 16.5).

O que os apóstolos fizeram? Eles pregaram e reuniram igrejas. As igrejas estão no centro do plano da Grande Comissão de Deus.

PROEMINENTE NO PALCO

Talvez você nunca tenha lido o livro de Atos assim. Talvez você tenha visto apenas atos individuais de heroísmo e fé. Mas leia Atos novamente e observe como a igreja local é proeminente no palco (ênfases acrescentadas abaixo). Quem envia os apóstolos e outros representantes? A igreja local.

- "A notícia a respeito deles chegou aos ouvidos da igreja que estava em Jerusalém; e *enviaram* Barnabé até Antioquia" (11.22).

- *"Enviados, pois, e até certo ponto acompanhados pela igreja"* (15.3).

A quem esses representantes voltam e relatam? À igreja local.

- "Ali chegados, *reunida a igreja*, relataram quantas coisas fizera Deus com eles e como abrira aos gentios a porta da fé" (14.27, também 16.4-5).
- "Tendo eles chegado a Jerusalém, foram *bem recebidos pela igreja*, pelos apóstolos e pelos presbíteros" (15.4).

Quem está tomando decisões? A igreja local.

- "O parecer agradou a toda a comunidade; *e elegeram*" (6.5).
- "Então, pareceu bem aos apóstolos e aos presbíteros, *com toda a igreja, tendo elegido* homens dentre eles, enviá-los, juntamente com Paulo e Barnabé, a Antioquia" (15.22).

O que Deus faz? Ele concede presbíteros à igreja local.

- "E, *promovendo-lhes, em cada igreja, a eleição de presbíteros*, depois de orar com jejuns, os encomendaram ao Senhor em quem haviam crido" (14.23).

- "Atendei por vós e por todo o rebanho sobre o qual o Espírito Santo *vos constituiu bispos*, para pastoreardes a igreja de Deus" (20.28).

Todo o livro de Atos não se centra apenas na evangelização e no discipulado individuais, mas na evangelização e no discipulado no contexto da igreja local. A história da propagação do evangelho é a história das igrejas locais.

NÃO APENAS EM ATOS

É claro que a igreja é um ator proeminente no palco não apenas no livro de Atos. Ela desempenha um papel principal em todo o Novo Testamento. A maioria das cartas do Novo Testamento são dirigidas a igrejas: "à igreja de Deus que está em Corinto" (1Co 1.2); "às igrejas da Galácia" (Gl 1.2); "a todos os santos em Cristo Jesus, inclusive bispos e diáconos que vivem em Filipos" (Fp 1.1); "à igreja dos tessalonicenses" (1Ts 1.1).

As igrejas se cumprimentam e agradecem umas às outras: "isto lhes agradeço, não somente eu, mas também todas as igrejas dos gentios" (Rm 16.4); "Todas as igrejas de Cristo vos saúdam" (Rm 16.16); "As igrejas da Ásia vos saúdam" (1Co 16.19).

Os apóstolos assumem e ordenam aos cristãos que se reúnam como igrejas para ensinar, para a ceia do Senhor e para o encorajamento mútuo:

- "Como, por toda parte, ensino em cada igreja" (1Co 4.17, também 7.17).
- "Porque, antes de tudo, estou informado haver divisões entre vós [...] Assim, pois, irmãos meus, quando vos reunis para comer, esperai uns pelos outros" (1Co 11.18, 33).
- "E, uma vez lida esta epístola perante vós, providenciai por que seja também lida na igreja dos laodicenses; e a dos de Laodiceia, lede-a igualmente perante vós" (Cl 4.16).
- "Consideremo-nos também uns aos outros, para nos estimularmos ao amor e às boas obras. Não deixemos de congregar-nos, como é costume de alguns; antes, façamos admoestações e tanto mais quanto vedes que o Dia se aproxima" (Hb 10.24-25).

As igrejas se preocupam umas com as outras:

- "[Tito] foi também eleito pelas igrejas para ser nosso companheiro no desempenho desta graça ministrada por nós" (2Co 8.19);
- "Quanto à coleta para os santos, fazei vós também como ordenei às igrejas da Galácia. No primeiro dia da semana, cada um de vós ponha de parte, em casa, conforme a sua prosperidade, e vá juntando [...] E, quando tiver chegado, enviarei, com cartas, para levarem as vossas dádivas a Jerusalém" (1Co 16.1-3).

As igrejas enviam missionários e trabalham para plantar outras igrejas:

- "Quanto a nossos irmãos, são mensageiros das igrejas" (2Co 8.23).
- "Quando parti da Macedônia, nenhuma igreja se associou comigo no tocante a dar e receber, senão unicamente vós outros" (Fp 4.15).
- "Bem farás encaminhando-os em sua jornada por modo digno de Deus; pois por causa do Nome foi que saíram, nada recebendo dos gentios. Portanto, devemos acolher esses irmãos, para nos tornarmos cooperadores da verdade" (3Jo 1.6-8).

Paulo expressa o seu cuidado com os cristãos como "a preocupação com todas as igrejas" (2Co 11.28). O comentarista do Novo Testamento, Peter O'Brien, observa que a "ambição de Paulo de pregar o evangelho onde Cristo não era reconhecido como Senhor, para não edificar sobre o fundamento de outro [...], é evidência de que o evangelismo primário era parte integrante de sua missão". Mas esse não era o único elemento na comissão de Paulo. O'Brien continua: "A obra de Paulo não foi concluída até que tivesse instruído os cristãos e deixado uma congregação madura e estabelecida".[4]

---

4 Peter T. O'Brien, *Consumed by Passion: Paul and the Dynamic of the Gospel* (Homebush West, NSW: Lancer, 1993), 45.

A TAREFA MISSIONÁRIA: PROCLAMAR E DEPOIS REUNIR-SE

Existem muitos exemplos que eu poderia usar. A questão é que, no Novo Testamento, a vida cristã é uma vida vivida no contexto da igreja. Nosso discipulado a Cristo ocorre em e através das igrejas.

O que isso significa é que o mandato missionário não está completo até que os novos crentes sejam estabelecidos em congregações locais. O'Brien oferece um maravilhoso resumo de como Paulo compreendeu a comissão básica do cristão:

> Paulo não apenas proclamou o evangelho e, sob Deus, converteu homens e mulheres. Ele também fundou as igrejas como um elemento necessário em sua tarefa missionária. A conversão a Cristo significava ser incorporado a ele, e, portanto, à membresia em uma comunidade cristã [...]; é evidente que a plantação de novas igrejas é entendida por Paulo como "uma característica integral de sua tarefa missionária".[5]

Os cristãos e mesmo os líderes da igreja hoje podem tratar a igreja local como uma agência do "Detran". Eles podem ler a Grande Comissão como se esta dissesse: "Dê-lhes as suas habilitações e deixe-os ir!". Mas não foi assim que os apóstolos consideraram o seu trabalho. Eles pregaram o evangelho e plantaram igrejas. As primeiras igrejas fizeram o mesmo.

---
5 Ibid., p. 42.

CAPÍTULO 5

ENSINANDO COM CORREÇÃO E SUPERVISÃO

Uma igreja local não é um Detran que emite licenças por meio do batismo. Esse era o ponto do último capítulo. No entanto, assim como não queremos uma versão "Detran" da Grande Comissão, não queremos uma versão "balcão de informações". A igreja local não é um balcão de informações!

Talvez isso pareça algo absurdo a ser dito. Ninguém diz que a igreja é um balcão de informações. Porém muitos cristãos tratam a igreja como um posto de pregação. Eles aparecem no domingo, recebem um "download" de informações e depois passam o restante da semana mais bem informados, sim, mas pouco unidos aos outros membros da igreja ou aos pastores. É assim que funciona um balcão de informações. Você vai até o balcão, faz a sua pergunta e vai embora mais bem informado. Mas você sai sem laços relacionais com as pessoas atrás do balcão. Eles cumpriram o seu dever e agora você pode continuar com seus afazeres.

Certamente, a Grande Comissão ordena que as igrejas ensinem. Lembra-se do ela que diz? Ide e fazei discípulos... *ensinando*. E é sobre isso que desejo falar agora. Mas observe como a comissão une "batizando" e "ensinando": Ide e fazei discípulos, *batizando e ensinando*. O texto intenciona que o ensino seja feito no contexto da prestação de contas, da supervisão e da administração correta das ordenanças.

Vemos isso no livro de Mateus. Vemos isso no restante do Novo Testamento.

VOLTANDO BREVEMENTE A MATEUS

Pense em nossa discussão anterior sobre Mateus. No capítulo 28, Jesus ordena que os discípulos batizem os novos discípulos em nome do Pai, do Filho e do Espírito. Essas são pessoas que fazem profissões de fé em Jesus como o Messias que morreu pelo pecado e ressuscitou.

Mas o que acontece quando alguém professa, mas não anda em conformidade com isso? Alguém professa confiar em Cristo, mas depois não se arrepende de algum pecado? Jesus respondeu a essa pergunta em Mateus 18. A igreja de no mínimo dois ou três, que se reúne em nome de Jesus, deve exercer as chaves e remover o indivíduo da membresia na igreja.

Agora volte para Mateus 28. Quando Jesus ordena que os discípulos ensinem, ele tem algo como um balcão de informações em mente? Ou até mesmo uma conferência na capela do seminário? Não! Esses discípulos devem ser batizados e ensinados. Uma igreja concede a eles uma identificação com Jesus, mas depois ela cuida de cada pessoa para ter certeza de que ele ou ela não terminaram na situação descrita em Mateus 18.

A lição subjacente aqui é que os novos crentes são ordinariamente batizados e acrescentados à membresia da igreja onde ocorre o ensino. Existem exceções. Você pode pensar em Filipe e no eunuco etíope em Atos 8. Mas a situação em Atos 2 é mais típica. Pedro prega o evangelho. Seus ouvintes são compungidos no coração e perguntam o que devem fazer para que sejam salvos (v. 37). Pedro diz: "Arrependei-vos e sede batizados" (v. 38). Então, Lucas, o autor, observa: "Então, os que lhe aceitaram a palavra foram batizados, havendo um acréscimo naquele dia de quase três mil pessoas" (v. 41). As pessoas são batizadas como membros da igreja de Jerusalém, onde são ensinadas: "E perseveravam na doutrina dos apóstolos" (v. 42).

PASTORES: ENSINO + SUPERVISÃO

A maneira como o restante do Novo Testamento fala sobre o ensino reforça a ideia de que o comando da Grande Comissão referente ao ensino tem em vista a plantação de igrejas. Você pode ver isso no fato de que às igrejas são dados pastores para ensiná-las. Elas não recebem palestrantes. Elas não recebem *podcasts* de pregadores ou atendentes de balcões de informações. Elas recebem pastores, que combinam ensino e supervisão.

Os pastores guardam as ovelhas (At 20.28-31; 1Pe 5.1-5; 2Tm 4.2). Os pastores guiam as ovelhas (1Ts 5.12). Os pastores apascentam e capacitam as ovelhas (Jo 21.15-17; Ef 4.11-16). Os pastores guardam o evangelho (1Co 15.1-3; 1Tm 1.18-19).

A responsabilidade que Paulo coloca sobre os presbíteros de Éfeso ilustra bem isso. "Porque jamais deixei de vos anunciar todo o desígnio de Deus", ele diz. Em seguida, os exorta: "Atendei por vós e por todo o rebanho sobre o qual o Espírito Santo vos constituiu bispos, para pastoreardes a igreja de Deus" (At 20.27-28). Um presbítero deve conduzir o ensino bíblico de modo honesto. Isso é crítico. Por isso, Paulo prega todo o desígnio de Deus. Mas um palestrante, um pregador de *podcast* ou um homem que está em um balcão de informações pode declarar todo o desígnio de Deus. Paulo tem em mente algo mais pessoal e relacionado ao envolvimento e à prestação de contas. Esses presbíteros devem ensinar a Bíblia, mas enquanto eles o fazem, guardam e pastoreiam o rebanho específico que o Espírito Santo lhes deu.

Deus não projetou a vida cristã para ser vivida por nós mesmos de modo independente; é por isso que ele nos deu pastores. O pastor é mais do que um "professor". Ele também é um supervisor. E isso faz sentido! Uma ovelha que se converte não deve ficar sozinha. Nós vivemos em um mundo caído, repleto de lobos (veja At 20.29-30)! Uma ovelha precisa entrar em um rebanho onde haja pastores que a protegerão. Uma ovelha permanecer sozinha, como se não existissem lobos, é um ato orgulhoso e estúpido.

MEMBROS: FALANDO A VERDADE UNS AOS OUTROS

O dever das ovelhas de cuidar e instruir uns aos outros também reforça a ideia de que o ensino deve ocorrer principalmente no contexto de uma igreja local e de sua prestação de contas. Toda a congregação deve estar envolvida em santificar e proteger uns aos outros. Jesus instrui um membro a ser sincero com outro membro quando há uma ofensa entre eles (Mt 18.15). Paulo exorta: "Habite, ricamente, em vós a palavra de Cristo; instruí-vos e aconselhai-vos mutuamente" (Cl 3.16). Em outras passagens, ele instrui: "Por isso, deixando a mentira, fale cada um a verdade com o seu próximo" (Ef 4.25), e devemos falar apenas o que for bom "para edificação, conforme a necessidade, e, assim, transmitir graça aos que ouvem" (v. 29).

As ovelhas se ajudam mutuamente a se alimentarem (1Co 12; 14), e elas ajudam a proteger o evangelho em uma igreja (Gl 1.6-9; exemplo negativo em 2Tm 4.3).

Nenhuma ovelha sozinha será perfeita em discernimento. Precisamos uns dos outros. É por isso que uma igreja é necessária, com presbíteros fiéis e uma congregação fiel trabalhando juntos, para protegerem o evangelho. Como cristãos dispersos, que não prestam contas a ninguém a não ser a si mesmos, protegem o evangelho? A igreja é a coluna e o baluarte da verdade (1Tm 3.15).

CAPÍTULO 6

A MEMBRESIA E UM COMPROMISSO AUTOCONSCIENTE

Se você desejar se unir à igreja onde eu pastoreio, um dos outros pastores fará, ou eu farei, uma entrevista de membresia com você. Começarei com perguntas básicas sobre o seu endereço, o que você faz, se você tem um cônjuge e filhos. Mas rapidamente perguntarei como você se tornou um cristão. Por fim, pedirei que você explique o evangelho em sessenta segundos ou menos.

Aqui, busco que você apresente um conhecimento básico sobre o que o evangelho diz sobre Deus, sobre o homem, sobre Cristo e sobre a resposta necessária. Deus é bom e nos criou bons. Mas nós pecamos contra Deus e passamos a merecer a sua ira justa. Cristo, portanto, veio, viveu a vida perfeita que deveríamos ter vivido e morreu a morte vergonhosa que deveríamos morrer. Ele suportou a punição de Deus pelo pecado sobre si mesmo como um substituto, e depois ressuscitou para derrotar o pecado e a morte. Ele agora oferece salvação a todos os que se arrependem e creem.

Se você deixar algo de fora, farei uma pergunta ou duas para esclarecer. Às vezes, as pessoas mencionam que Jesus morreu na cruz para o perdão do pecado, mas se esquecem da ressurreição! Uma rápida pergunta resolve isso: "Ele permaneceu no túmulo?", "Ah, não!".

Muito frequentemente, as pessoas não dizem nada sobre o arrependimento. Então, eu poderia perguntar algo como: "Suponha que você tem um amigo que professa ser um cristão, mas ele está vivendo junto com sua namorada. O que você diria?". Espero que digam que uma pessoa não deve chamar a si mesmo de cristão e ainda viver em pecado sem arrependimento.

Jesus quer discípulos, não meramente decisões. Ele quer pessoas cujas vidas são moldadas e conformadas ao ensino da Escritura.

Voltemos a olhar para a ordem final em Mateus 28: Ide e fazei discípulos, batizando e "ensinando-os todas as coisas que vos tenho ordenado". É isso o que diz? Não. A ordem final de Jesus aos discípulos no evangelho de Mateus é esta: "ensinando-os a *guardar* todas as coisas que vos tenho ordenado" (v. 20).

A Grande Comissão encarrega as igrejas a ensinarem os mandamentos de Jesus e a ensinarem o seu povo a obedecer aos seus mandamentos. Isso é o que significa ser discípulo ou cristão. Existem verdadeiros cristãos que não são discípulos? Não.

Tendo em vista essa finalidade de fazer discípulos — e não "tomadores de decisão" — os apóstolos anunciaram o evangelho através da plantação de igrejas, igrejas que cultivavam discípulos; assim eu tenho dito por vários capítulos. O que a plantação de igrejas indica é que se tornar um discípulo envolve fazer um conjunto de compromissos autoconscientes a fim de obedecer ao que a Bíblia ensina.

Isso nos leva ao tema da membresia da igreja.

O TRIÂNGULO DA MEMBRESIA

Frequentemente, eu explico a membresia da igreja bíblica com um triângulo da membresia. Nos três pontos do triângulo, você tem a si mesmo (o cristão individual), toda a congregação e depois os pastores ou presbíteros. E o Novo Testamento está repleto de ordens, obrigações e deveres que devem caracterizar as linhas relacionais entre quaisquer dois pontos desse triângulo. É impossível imaginar como alguém pode cumprir todas essas ordens sem o que chamamos de membresia da igreja.

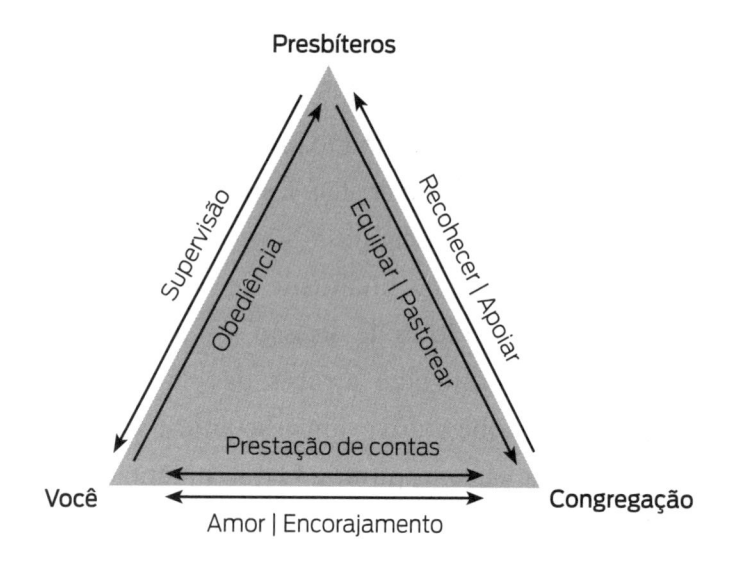

```
                    Presbíteros
                        /\
                       /  \
              Supervisão  Reconhecer | Apoiar
              Obediência  Equipar | Pastorear
                     /      \
                    /_____\
            Você                Congregação
                Prestação de contas
                Amor | Encorajamento
```

Vamos começar com os pastores. Hebreus 13.17 diz que os pastores "velam por vossa alma, como quem deve prestar contas". Logo, os nossos pastores prestarão contas a Deus. Mas de quem? De todos os cristãos do mundo? Certamente, não. De todos os cristãos em uma cidade? Novamente, não. Em vez disso, os pastores prestarão contas dos membros de sua igreja (veja também Tg 3.1). E isso significa que eles prestarão contas tanto de cada pessoa em particular na igreja (veja Hb 13.17), quanto da congregação local como um todo (At 20.28; Ef 4.11; 1Pe 5.2-3). Os pastores têm uma responsabilidade por mim como um cristão individual, assim como eles têm responsabilidades por toda a congregação. Um pastor fiel cuida de ambos.

O mesmo é verdadeiro se permanecermos em outro ponto do triângulo e olharmos para os outros dois pontos. Assim, eu, o cristão individual, tenho a responsabilidade de obedecer aos pastores particulares, não a todos os pastores em todos os lugares (por exemplo, 1Ts 5.12-13; Hb 13.7, 17). E tenho a responsabilidade de amar e encorajar particularmente uma congregação de cristãos (por exemplo, Mt 18.15-17; Rm 14.19; 2Co 2.6; Hb 10.22-25; 1Jo 1.3-4; cf. Jo 13.34-35).

Finalmente, no terceiro ponto, uma congregação particular possui a responsabilidade de reconhecer pastores em particular e de apoiá-los (por exemplo: Rm 10.15, 15.30; 1Co 9.14; Gl 6.6; Fp 2.29; 1Ts 5.12-13; 1Tm 4.3; 5.17-20; cf. Mt 10.10). E possui responsabilidades de amar e encorajar a mim, o cristão individual (por exemplo: Mt 18.17; 1Co 5.12).

Cada um desses conjuntos de obrigações pode ser encontrado no Novo Testamento. Você poderia passar uma tarde neste fim de semana lendo o livro de Atos e tentando preencher esse triângulo!

UM COMPROMISSO AUTOCONSCIENTE

A questão mais importante é que seria impossível cumprir algumas das ordens do Novo Testamento, como essas, sem o compromisso autoconsciente de membresia da igreja (veja também Fp 2.8; Rm 12.3, 16).

O Novo Testamento convoca os cristãos a amarem uns aos outros (1Co 14.1; Jo 13.34-35). Convoca-nos a examinarmos a nós mesmos e uns aos outros (Ap 3.17; 2Co 13.5; Gl 5.19-23; 1Jo 3.14, 4.1-3, 20-21). Ordena-nos a obedecermos aos nossos líderes (1Ts 5.12-13; Hb 13.7, 17; 1Pe 5.5). Tudo isso acontece não apenas em uma série de relacionamentos com seus amigos — até os pagãos têm amigos — mas nas igrejas locais. A membresia autoconsciente é necessária para o discipulado bíblico e dá uma forma específica ao nosso discipulado.

Portanto, se desejamos cumprir a Grande Comissão, então normalmente devemos almejar o trabalho de plantação de igrejas de uma forma ou de outra. Gerar esses tipos de grupos de pessoas com esses compromissos autoconscientes é como fazemos discípulos e como ensinamos as pessoas a guardarem tudo o que Jesus ordenou.

A COMISSÃO E AS ORDENANÇAS

A Grande Comissão tem em vista um compromisso tão autoconsciente? Sim, tem — para afirmar isso novamente — através do batismo.

O que acontece naquele momento do batismo? Dois indivíduos precisam concordar que confessam o mesmo Cristo, e que uma pessoa está se unindo à outra ao tomar o nome de Jesus. Observe que há uma afirmação implícita entre eles. Quando nos identificamos com Cristo, nos identificamos uns com os outros, como dois filhos que pertencem aos mesmos pais, reconhecendo que eles são irmãos.

A ceia do Senhor torna essa afirmação de um sobre o outro visível e contínua. Por meio do cálice e do pão, participamos do sangue e do corpo de Cristo (1Co 10.16). Paulo diz: "Porque nós, embora muitos, somos unicamente um pão, um só corpo; porque todos participamos do único pão" (1Co 10.17). Portanto, nunca devemos "comer e beber sem discernir o corpo de Cristo" (11.29).

As ordenanças são experiências privadas e místicas? Não, elas são aquilo que o Senhor nos deu para que façamos nossos compromissos autoconscientes com ele e uns com os outros.

A Grande Comissão não é menos do que a evangelização pessoal e as missões, porém é mais. Trata-se da plantação de igrejas onde as pessoas se comprometam com Cristo e uns com os outros como membros por meio do batismo e da ceia do Senhor.

CAPÍTULO 7

QUATRO PRÁTICAS DE UMA IGREJA COMPROMETIDA COM A GRANDE COMISSÃO

A Grande Comissão não convoca as igrejas a agirem como o Detran. Também não ordena que elas atuem como balcões de informações. Essas foram as conclusões dos capítulos anteriores. Agora, tenho mais uma para você: a Grande Comissão não convoca as igrejas a agirem como equipes esportivas profissionais.

A equipe da minha igreja gosta de brincar comigo por eu não saber muito sobre esportes, o que pode ser justo. Mas eu sei que o objetivo de cada equipe esportiva é vencer o campeonato. Uma equipe tentará contratar os melhores jogadores, construirá as melhores instalações de treinamento e otimizará sua equipe técnica para conquistar o maior troféu do campeonato. Claro, uma equipe fica feliz por outras equipes existirem. Sem elas, não haveria campeonato. Mas o seu principal objetivo é vencer as outras equipes.

Agora, duvido que muitas — se houver alguma — igrejas pensem explicitamente consigo mesmas: "Temos que vencer aquelas outras igrejas!". Mas permita-me fazer algumas perguntas diagnósticas para avaliar uma mentalidade do tipo "nossa equipe é a melhor":

- Você, alegremente, envia os seus melhores "jogadores" para outras igrejas?
- Você se alegra se, após orar por avivamento, ele ocorrer à outra igreja na rua? (Agradeço a Andy Johnson por essa ótima pergunta!)
- Você ora regularmente por aquela outra igreja na rua, bem como pelas outras igrejas em sua cidade?
- Você doa alguma parte do seu orçamento para revitalizar igrejas antigas ou criar novas igrejas em sua cidade, em todo o país ou no exterior?

Muitas vezes, uma competitividade grotesca entre igrejas caracteriza as igrejas evangélicas. Mas uma igreja comprometida com a Grande Comissão não compete com outras igrejas que pregam o evangelho, porque sabe que cada igreja que anuncia o evangelho *está "jogando" no mesmo time.*

IGREJA COMPROMETIDA COM A GRANDE COMISSÃO = IGREJA QUE PLANTA IGREJAS

Aqui está o ponto mais abrangente: uma igreja comprometida com a Grande Comissão é uma igreja evangelizadora e discipuladora, mas também é uma igreja que planta e revitaliza igrejas. Ela deseja ver o reino de Deus crescer através do seu próprio ministério, mas também quer ver o reino expandir-se além das suas próprias paredes por meio de outras igrejas.

Assim, tal igreja está interessada em facilitar muitas atividades evangelísticas para além de si mesma, de modo a atrair pessoas de fora para si. Mas também está interessada em ver os seus esforços culminarem em plantação ou apoio a outras igrejas locais. Ela não está satisfeita com sua própria saúde; ela deseja ver muitas outras congregações saudáveis, que creiam na Bíblia e que preguem o evangelho.

Tal igreja encoraja outras igrejas e plantações de igrejas evangélicas, mesmo que estejam a vários quarteirões de distância. E ora por elas nominalmente. Ela está disposta a enviar boas pessoas que ajudarão essas outras igrejas. Ela também se esforçará por plantar ou construir outras igrejas do outro lado do mundo.

Uma igreja comprometida com a Grande Comissão trabalha e ora para levantar homens qualificados para serem presbíteros e depois os envia abnegadamente.

Ela se esforça para alinhar o seu orçamento com essas prioridades da Grande Comissão. Algum dinheiro é guardado para o ministério local, mas algum dinheiro é designado para ajudar outras obras, tanto próximas quanto distantes.

Ela se esforça para recuperar, onde for possível, congregações que estão em declínio.

Ela se empenha em todos os tipos de meios públicos e privados para cultivar, entre os seus próprios membros, essa mentalidade de equipe com outras igrejas centradas no evangelho. Os membros e líderes ficam tão felizes com uma nova igreja que prega o evangelho, como com um novo restaurante que é inaugurado em uma terra onde há fome.

Então, o que uma igreja comprometida com a Grande Comissão faz? Quero oferecer quatro ações estratégicas neste capítulo e cinco no próximo.

CULTIVA UMA CULTURA DE DISCIPULADO

Em primeiro lugar, uma igreja comprometida com a Grande Comissão cultivará uma cultura de discipulado entre os seus próprios membros. Ela ajuda cada membro a ter a responsabilidade de ajudar outros crentes a crescerem na fé. Os pastores capacitam os santos para a obra do ministério, diz Paulo (Ef 4.11-12), o que significa que a obra do ministério pertence a todos os santos. Todo o corpo, falando a verdade em amor, cresce à medida que se edifica, cada parte fazendo o seu trabalho (Ef 4.15-16, veja também 1Co 12.14).

Discipular pode se referir ao nosso ato particular de seguir a Jesus ou de ajudar alguém a seguir a Jesus (por exemplo, 2Tm 2.2).[6] E em uma igreja comprometida com a Grande Comissão, homens *mais velhos* na fé discipulam homens mais jovens, e mulheres mais jovens buscam as mulheres mais velhas. Por exemplo, se você é uma mulher solteira, pode oferecer a uma mãe em tempo integral ajuda com a lavagem de roupas em troca da oportunidade de fazer muitas perguntas! Se você é um presbítero que ensina em uma classe de adultos na escola dominical, certamente pode recrutar um professor auxiliar. E o seu objetivo, em certo sentido, é treinar e entregar o trabalho de ensino para ele. Depois, você pode ir e começar outra classe e gerar outro professor auxiliar.

Tal igreja possui a sensibilidade geográfica implícita pela ordem de Jesus para "ir". Para aqueles que ficam, o "ir" pode muito bem significar aproximar-se da igreja ou dos grupos de seus membros. Dessa forma, é fácil ministrar aos outros durante a semana. Onde você mora? Você está ajudando a cultivar uma cultura de discipulado em sua igreja no lugar onde escolheu alugar um apartamento ou comprar uma casa?

Uma igreja comprometida com a Grande Comissão deve ser desconfortável, mesmo provocativa, para um cristão nominal. Se você aparecer como um visitante em tal igreja no domingo apenas como parte

---

6 N. do E.: No inglês, Mark Dever distingue *discipleship* (meu seguir a Jesus) de *discipling* (ajudar outros a seguir Jesus). No português a distinção linguística não é possível.

do seu dever religioso ocasional, pode não gostar muito. Você poderia ser bem-vindo, mas os membros da igreja não teriam os mesmos interesses que você. Eles estão entregando as suas vidas inteiras para seguir a Jesus, e eles se comprometem a ajudar uns aos outros a seguirem a Jesus. Tal compromisso e tal atividade fazem parte da própria cultura: perguntas intencionais, conversas significativas, oração e lembranças contínuas do evangelho.[7]

CULTIVA UMA CULTURA DE EVANGELISMO

Em segundo lugar, uma igreja comprometida com a Grande Comissão cultivará uma cultura de evangelismo. Por um lado, os membros sabem que o evangelho será pregado em cada reunião semanal. Então, eles são estimulados a convidar seus amigos que não são cristãos. O evangelho é irradiado através do louvor, da oração e de cada sermão.

Você confia que qualquer não-cristão que você levar à sua igreja ouvirá o evangelho? Se não, o que pode fazer sobre isso?

Por outro lado, uma igreja comprometida com a Grande Comissão se esforça para treinar os seus

---

[7] Para mais informações, veja os seguintes livros: Robert Coleman, *Plano mestre de evangelismo*, 2ª ed. (São Paulo: Mundo Cristão, 2006); Colin Marshall e Tony Payne, *A Treliça e a Videira* (São José dos Campos, SP: Fiel, 2015); e Mark Dever, *Discipulado: Como ajudar outras pessoas a seguir Jesus* (São Paulo: Vida Nova, 2016).

membros no evangelismo, porque sabe que coletivamente eles verão mais não-cristãos durante a semana do que jamais poderá caber no edifício da igreja. Portanto, "sucesso" no evangelismo não é simplesmente levar os seus amigos não-cristãos à igreja para que eles ouçam o evangelho. O sucesso é compartilhar o evangelho com seus vizinhos e amigos não-cristãos.

Assim, a igreja trabalha para capacitar os seus membros no evangelismo para que eles saibam como compartilhar o evangelho com os outros. Minha própria igreja faz isso através de escolas dominicais dedicadas ao evangelismo. Eu tento formular como deve ser o envolvimento com os não-cristãos em minha pregação, particularmente na maneira como abordo explicitamente os não-cristãos. Tentamos capacitar os nossos membros oferecendo-lhes ferramentas evangelísticas como *Duas formas de viver*[8] ou recursos como *Investigando o Cristianismo*[9]. Nós distribuímos muitos livros *Quem é Jesus Cristo?*[10], de Greg Gilbert, aos membros, para que eles deem aos seus amigos não-cristãos. Nós também compartilhamos sobre oportunidades

---

8 Phillip Jensen e Tony Payne, *Duas maneiras de viver: a escolha que todos nós enfrentamos*, acessado: 4 nov 2019, www.matthiasmedia.com.au/2wtl/portuguese/.
9 Rico Tice e Barry Cooper, *Investigando o Cristianismo* (São José dos Campos/SP: Cristã Evangélica, 2012). Veja também Michael Bennett, *Christianity explained: Share the Christian message one to one from the Gospel of Mark* (Londres: The Good Book Company, 2004).
10 Greg Gilber, *Quem é Jesus Cristo?* (São José dos Campos, SP: Fiel, 2015).

evangelísticas através de nossa reunião de domingo à noite. Ouvir e orar pelas oportunidades evangelísticas de outros membros encoraja as próprias tentativas pessoais de compartilhar as boas novas.

O que a Grande Comissão significa para você? Significa que Jesus chamou você para ser alguém que faz discípulos. Ele o convoca tanto a evangelizar os incrédulos como a discipular os crentes. Você deve estar fazendo isso pessoalmente; em casa, no trabalho, no seu bairro, entre os seus amigos. Você deve estar fazendo isso em e por meio da sua igreja.

Portanto, use os seus companheiros e membros da igreja para ajudá-lo. Convide um presbítero para almoçar e peça conselho. Compartilhe e ore com seu pequeno grupo. Saia e evangelize com seus amigos.[11]

ESFORÇA-SE PARA ALCANÇAR OS NÃO-ALCANÇADOS POR MEIO DE MISSÕES

Em terceiro lugar, uma igreja comprometida com a Grande Comissão trabalha para alcançar os não-alcançados por meio de missões. Qual é a diferença entre missões e evangelismo e plantação de igrejas no próprio país? Na verdade, as missões são exatamente o que chamamos de evangelismo e plantação de

---

11 Para mais informações sobre esse tópico, veja qualquer livro de Mack Stiles, especialmente *Evangelização* (São Paulo: Vida Nova, 2015), ou o meu livro *O evangelho e a evangelização* (São José dos Campos, SP: Fiel, 2011).

igrejas quando atravessam fronteiras étnicas, culturais e tipicamente nacionais.

Jesus nos ordena: "ide, fazei discípulos de todas as nações". Eu não falei muito sobre esse assunto porque muitos outros livros tratam muito bem dessa questão. Mas é difícil saber como uma igreja pode ler esse mandamento e não se comprometer a levar o evangelho a nações que nunca ouviram o evangelho antes.

Nenhuma congregação pode ter como alvo todos os lugares ao redor do planeta. Portanto, acho que as igrejas são sábias ao concentrar seus próprios esforços missionários em poucos lugares. Minha própria igreja, por exemplo, concentra-se em vários países da chamada janela 10/40, que é a região do hemisfério oriental entre 10 e 40 graus ao norte do equador. Essa é a região do mundo onde há a menor porcentagem de cristãos.

Se você é membro de nossa igreja e manifesta interesse em realizar missões, poderemos investir mais recursos para apoiá-lo se você for para um dos lugares onde já investimos. Somos simplesmente incapazes de patrocinar cem pessoas que vão para cem lugares diferentes. Por esse motivo, preferimos apoiar poucos missionários com mais dinheiro do que muitos missionários com pouco dinheiro. Isso permite que os missionários que apoiamos passem menos tempo arrecadando dinheiro e mais tempo fazendo a obra de plantação de igrejas. Ademais, isso nos ajuda a ter um relacionamento com eles e oferecer prestação de contas.

Nossa igreja trabalha diretamente com missionários e trabalhamos através de organizações missionárias como a Junta de Missões Internacionais da Convenção Batista do Sul dos EUA. Também trabalhamos com grupos maravilhosos como o *Access Partners*, que ajudam a colocar os empresários em lugares estratégicos em todo o mundo em suas vocações de negócios, para que possam ajudar os missionários de longo prazo no campo.

Que papel você deve ter como cristão individual ajudando a sua igreja a alcançar os não-alcançados? Certamente você deve orar pelos missionários de sua igreja. Conheça-os quando estiverem em período de licença. Talvez, avalie viagens missionárias de curto prazo que lhe permitirão apoiar os trabalhadores de longo prazo. Leia biografias missionárias. E, talvez, pense em ir. Voltaremos a essa questão daqui a dois capítulos.

Há uma última coisa que você e sua igreja podem fazer para alcançar os não-alcançados: procure por estrangeiros em sua própria cidade. Minha própria igreja se esforça arduamente para alcançar estudantes estrangeiros, mas que grupos de estrangeiros vivem em sua cidade? Se você os alcançar com o evangelho bem ali em sua cidade natal, há uma boa chance de que o evangelho se espalhe para o lugar de onde eles vieram.[12]

---

12 Para mais sobre esse tópico, veja o livro: John Piper, *Alegrem-se os povos: A supremacia de Deus nas missões* (São Paulo: Cultura Cristã, 2012).

ESFORÇA-SE PARA FORTALECER OUTRAS IGREJAS

As igrejas geralmente têm uma linha de orçamento para missões. Eu acho que vale a pena acrescentar uma linha orçamental "Apoiando igrejas saudáveis" também. Esforçar-se para fortalecer outras igrejas é uma quarta prática das igrejas que cumprem a Grande Comissão.

Minha própria igreja usa essa linha para apoiar muitas coisas, como nosso programa de estágio pastoral. Pagamos doze rapazes por ano para fazerem um estágio conosco, a maioria dos quais acaba pastoreando ou servindo outras igrejas.

Também usamos a linha para apoiar o ministério *9Marks*, que é dedicado para erguer igrejas saudáveis.

Nós estruturamos nossa equipe de modo intencional para que as pessoas sejam treinadas e enviadas. Assistentes pastorais nos servem por 2 a 3 anos e depois espera-se que sejam enviados. Pastores assistentes nos servem por 3 a 5 anos e depois vão. Somente eu e os pastores associados (juntamente com quaisquer pastores ou presbíteros que não façam parte da equipe) devem permanecer em nossa igreja a longo prazo. Os demais, nós os capacitamos para partir.

Nossa igreja patrocina conferências de fim de semana, onde pastores de todo o mundo se unem a nós para nossas reuniões regularmente agendadas, bem como para várias palestras especiais e momentos de perguntas e respostas. Eu também participo em telefonemas semanais com várias outras redes de pastores de todo o mundo para os mesmos propósitos. Cada uma dessas conversas me dá a oportunidade de orar e me esforçar por igrejas saudáveis em todo o mundo.

Grande parte do trabalho que fazemos para fortalecer outras igrejas através do plantio e revitalização de igrejas é feita em nossa própria região, que é o tema do próximo capítulo (o qual, em outras palavras, é uma extensão desta seção). Mas também fazemos alguns plantios e revitalizações em todo o mundo. Por exemplo, enviamos um irmão, John, para uma igreja em Dubai, nos Emirados Árabes, quando a igreja estava em busca de um pastor há quase uma década. Deus usou John de maneiras poderosas para revitalizar essa igreja internacional. Um de seus principais presbíteros, que ajudou a levar John para lá, era Mack, um velho amigo meu. Uma vez que John e Mack conduziram a igreja a uma condição saudável, Mack e outro irmão, Dave, deixaram a igreja para plantar outra igreja a 30 minutos de distância. Também enviamos um antigo assistente pastoral e um estagiário para ajudar Mack e Dave nesse novo trabalho. Simultaneamente, enviamos outro estagiário pastoral para plantar mais uma igreja em outra cidade dos Emirados Árabes.

Agora temos três igrejas saudáveis em funcionamento nesse país muçulmano. Nada disso era parte de algum grande plano nosso. Na verdade, nem a oportunidade de revitalização nem as duas oportunidades de plantio foram iniciadas por nós. Estávamos ali apenas para orar, ajudar e enviar apoio financeiro e humano para onde pudéssemos. Aliás, muitos de nossos membros têm mudado os seus trabalhos para os Emirados Árabes para ajudar o trabalho dessas igrejas. Nossa igreja não ganha nada além da pura alegria de ver o reino de Deus se expandir nessa terra estrangeira.

Muitos desses exemplos se concentraram no que eu, como o pastor, fiz. Mas supondo que você seja um membro comum da igreja, o que você pode fazer para ajudar a fortalecer outras igrejas, seja em sua região ou em todo o mundo? Obviamente, você pode orar por outras obras pessoalmente. Você pode orar por outros trabalhos com sua família no jantar. Você pode apoiar outros trabalhos financeiramente.

Com certeza, você deve ter cuidado ao criticar outras igrejas. Sim, existem lugares onde as práticas de sua igreja ou doutrinas secundárias podem diferir das de outras igrejas. E sim, temos motivos deliberados para essas áreas de discordância. Eu não estou dizendo para você desprezar essas discordâncias. Mas tenha em mente que as questões secundárias sobre as quais sua igreja pode discordar de outras igrejas não são tão importantes quanto o evangelho que todos nós compartilhamos. Portanto, proteja-se contra um espírito crítico e busque formas de se alegrar em parcerias evangélicas compartilhadas (veja Lc 11.49-50 para a advertência de Jesus aos seus discípulos mais próximos).

Finalmente, reconheça que você é tanto alguém que *vai*, quanto alguém que *envia*. Esse fato é tão importante, que dedicaremos o capítulo 9 para ajudar na reflexão sobre essa questão. Mas, primeiramente, vamos continuar a conversar sobre como ajudar outras igrejas, especialmente as da sua região, no capítulo 8.

CAPÍTULO 8

MAIS UMA PRÁTICA DE UMA IGREJA COMPROMETIDA COM A GRANDE COMISSÃO

Costumo dizer à minha igreja que apenas queremos que as pessoas sejam alimentadas espiritualmente; elas não precisam "comer em nosso restaurante". Há muitos bons lugares em que elas podem ir em nossa cidade. Simplesmente queremos que o nível de fome espiritual em nosso planeta seja reduzido.

Uma igreja comprometida com a Grande Comissão, portanto, olha ao redor para ver se há outras igrejas em sua região que podem ser ajudadas. Talvez, elas estejam passando por tempos difíceis. Talvez, tenham começado a distorcer o evangelho em seu ensino ou prática. Seja qual for o caso, devemos desejar vê-las restauradas por Cristo. Essa igreja enferma talvez tenha uma má reputação em sua comunidade, causando vergonha ao cristianismo. Uma igreja comprometida com a Grande

Comissão desejará ajudá-la a recuperar uma boa reputação; não apenas plantando uma nova igreja próxima a ela, mas tentando consertar o que uma geração anterior de cristãos descuidados deixou corrompido.

Ou é possível que haja um bairro em sua cidade ou em uma periferia distante sem uma igreja que pregue o evangelho. Tal lugar pode precisar de uma nova igreja. O que a sua igreja pode fazer para ajudar?

INCENTIVA O CRESCIMENTO DO EVANGELHO EM NÍVEL LOCAL

Consideramos quatro práticas de uma igreja comprometida com a Grande Comissão no último capítulo. Reservei um capítulo separado para uma quinta prática, não porque esta seja mais importante do que as outras, mas porque os evangélicos falam sobre isso com menos frequência. Uma igreja comprometida com a Grande Comissão incentiva o crescimento do evangelho em nível local.

Sou tão grato pelo que Deus tem feito em minha própria cidade de Washington nas últimas duas décadas. Quando cheguei, há pouco mais de vinte anos, não havia muitas igrejas saudáveis e evangélicas no bairro Capitol Hill que eu recomendaria a alguém. Atualmente, somente neste bairro, há meia dúzia que eu poderia recomendar, e ainda há mais em todo o Distrito de Columbia. Listamos essas "igrejas irmãs" em nosso site e em cartões impressos que penduramos nas portas da igreja. Se alguém não se agrada de nossa igreja ou se ela fica muito distante de onde mora, esperamos que busque uma dessas outras congregações.

Sim, temos diferenças em alguns pontos, mas pregamos o mesmo evangelho. Estamos muito satisfeitos que Deus, em sua graça e bondade, tem derramando o seu favor em Hill e no Distrito de Columbia. Estamos vivendo um tempo precioso para o evangelho. Há mais a ser feito? Sim, mas graças a Deus pelo que ele já tem feito.

Deus será vitorioso. Mesmo se a sua igreja ou a minha fecharem as suas portas, você nunca precisa duvidar disso. Paulo diz: "A palavra de Deus não está algemada" (2Tm 2.9). Tenha em mente que Paulo estava na prisão quando disse isso. Talvez alguns de seus amigos estivessem se sentindo temerosos acerca do avanço do evangelho. Paulo responde: "Não se preocupem. A Palavra de Deus não está algemada. Ela avança livremente. Ela é anunciada livremente até mesmo através de prisões".

Observe o que o cristianismo tem feito no Nepal nos últimos vinte anos. O cristianismo tem sido ilegal nesta nação historicamente hindu, a perseguição tem sido intensa, e muitos cristãos foram lançados na prisão. Mas veja o que aconteceu: os cristãos na prisão começaram a compartilhar o evangelho.

O sistema prisional se tornou um caminho para os cristãos evangelizarem todo o país! Esse tipo de coisa tem acontecido frequentemente na história do povo de Deus. A Palavra de Deus avança.

Precisamos deixar de ser tão preocupados em relação às nossas próprias igrejas e buscar maneiras de promover o avanço do evangelho em todas as nossas cidades, inclusive em outras igrejas.

PLANTAÇÃO E REVITALIZAÇÃO

Um meio principal que buscamos para promover o crescimento do evangelho em nossa região é revitalizar igrejas que estão morrendo e plantar outras novas.

As revitalizações podem ser difíceis. Há razões pelas quais tal igreja tem declinado, e existe a possibilidade de que algumas dessas razões até mesmo sejam seus membros! É necessário um tipo particular de homem para ir e trazer de volta à saúde uma igreja que está morrendo, e a igreja precisa estar em uma posição tal que esteja pronta para receber ajuda.

Novamente, tais igrejas se encontraram diante desta escolha: ou elas podem entregar os documentos e chaves a uma entidade denominacional ou a outra igreja que deseje transformá-la em um campus, ou podem aceitar a nossa oferta: "nós" lhe daremos alguns membros, um pastor, dois anos de salário para o pastor, e elas podem manter a placa com seu nome no edifício. Não pedimos nada em troca. É tudo delas. O pouco que elas sabem é que temos treinado aquele pastor para dar grande ênfase ao evangelho, pregar de forma expositiva e amá-los de modo a conduzi-los a serem uma igreja saudável. Chamo isso de *"operação secreta"*.

Às vezes, enviamos homens e membros a igrejas nos arredores da nossa área metropolitana para que as pessoas que moram perto não precisem se deslocar para muito longe. Às vezes, igrejas em declínio se tornaram disponíveis mais perto de casa. Tentamos aproveitar ao máximo qualquer oportunidade que tenhamos por amor ao evangelho.

Ao mesmo tempo, queremos plantar novas igrejas em nossa região. Recentemente, enviamos cinquenta membros apenas para um dos bairros mais pobres de DC, com três dos nossos presbíteros. Thabiti, o presbítero sênior, pregou em nosso púlpito meia dúzia de vezes nos seis meses que antecederam a plantação. Dessa forma, as pessoas de nossa igreja aprenderiam a confiar em como ele lida com a Palavra e seriam estimuladas a segui-lo. No momento em que escreve este livro, eles estão se encontrando em uma escola e ainda estão à procura de um local mais permanente. E faremos tudo o que pudermos para ajudar. Meu palpite é que nós lhes enviaremos mais alguns membros nos próximos anos.

O objetivo em tudo isso, seja revitalizando ou plantando, é ver várias testemunhas independentes espalhadas por toda a área de Washington mais perto de onde as pessoas vivem. Queremos que os cristãos sejam capazes de integrar as suas vidas pessoais e a igreja mais facilmente, voltando à discussão do último capítulo sobre cultivar uma cultura de discipulado.

ORAÇÃO, COMUNHÃO MINISTERIAL, CURSOS ESSENCIAIS E MAIS

Há uma série de outras coisas que fazemos para estimular a propagação do evangelho em nossa região. A cada semana, oramos em nosso encontro principal por outras igrejas nominalmente. Também fazemos parcerias com essas igrejas para evangelismo de diferentes formas, como palestras na comunidade de negócios. Também convidamos pastores de outras igrejas a participarem de nossas reuniões de oração para que compartilhem como podemos orar por suas igrejas.

Comecei uma associação chamada *Columbia Baptist Minister's Association*, na qual reúno ministros Batistas do Sul da região. Na primeira terça-feira de cada mês, nos reunimos para comunhão, para aconselharmos uns aos outros e para orarmos. Quão fortalecedor e encorajador é ouvir sobre outras obras evangélicas em nossa cidade!

Nos últimos anos, vários jovens plantadores de igrejas apareceram em Washington e chegam até nós para pedir ajuda. Quando podemos, nós amamos ajudar. Se um homem consegue conquistar a nossa confiança, até mesmo lhe enviaremos membros e forneceremos pregadores quando ele necessitar de uma pausa. Nossa esperança é que muitas outras igrejas em nossa região nos vejam como um recurso para elas, que pede pouco ou nada delas, mas que tem muito amor e cuidado para dar.

Muitas pessoas saem de nossa igreja devido à natureza transitória da vida em Washington. Quando me mudei para cá, sabia que amar essa congregação seria muito trabalhoso. Isso pode ser difícil emocionalmente, mas também é uma oportunidade maravilhosa, e tentamos aproveitar essa transitoriedade. Por exemplo, transformamos nosso programa tradicional de escola dominical de adultos em aulas dos "Cursos Essenciais" de 13 semanas, orientadas por temas[13]. Perguntamo-nos, assumindo que temos uma pessoa por dois a quatro anos: qual é todo o conteúdo para a vida cristã que desejamos que essa pessoa tenha? O que devemos incluir como treinamento básico? Por essa razão, oferecemos aulas sobre os fundamentos da fé, uma aula breve sobre evangelismo, uma aula mais

---

13 N. do E.: Você pode acessar gratuitamente o material em inglês no site: https://www.capitolhillbaptist.org/resources/core-seminars/

longa sobre evangelismo, visões gerais sobre a Bíblia, história da igreja, teologia sistemática, teologia bíblica, como ler a Bíblia, disciplinas espirituais, orientação, namoro e casamento, paternidade, finanças, temor do homem, apologética, cristãos no governo, masculinidade e feminilidade, e muito mais. Tudo isso é o nosso modo de fortalecer nossos membros para o benefício deles mesmos e também para capacitá-los para as igrejas onde eles irão futuramente.

Se alguém consegue participar das aulas de todo o currículo, não nos preocupamos; apenas escolhemos alguém e usamos isso como uma forma de discipulá-lo.

E VOCÊ?

Novamente, alguns dos exemplos acima apresentam o que tenho feito como pastor. Mas a Bíblia ensina que definitivamente todos os membros têm responsabilidade pelo ministério do evangelho em uma igreja. Isso significa que você desempenhará algum papel em ajudar a sua igreja a ter a visão de incentivar o crescimento do evangelho em nível local.

Uma questão muito prática e sobre a qual você deve pensar é se deve permanecer em sua igreja atual, se deve realizar um projeto de plantação ou revitalização local, ou mesmo se mudar para o exterior. Muitos cristãos tomam as suas decisões sobre se devem ou não se mudar em termos do que é bom para a sua educação, para o seu trabalho ou para sua situação familiar. Eles até mesmo tomam decisões com base no tempo, no trajeto rotineiro, no estilo de vida, nos seus hobbies e nos seus prazeres.

Se esse é o seu caso, quero desafiá-lo a submeter as suas decisões de vida ao comando da Grande Comissão de Jesus. Entregue toda a sua vida — seja o que for que você tenha deixado — para cumprir o chamado de fazer discípulos, ensinando-os a obedecer a tudo o que Jesus ordenou. Quando você tomar essas decisões importantes da vida, se puder, estabeleça-se primeiramente em uma igreja e depois trate de outras questões de trabalho, de casa e de escolas.

Você é um estudante do ensino médio tentando descobrir para que faculdade ir? Faça uma lista de meia dúzia de grandes igrejas no país. Depois, pergunte-se que faculdades estão nessas cidades.

Você é um empresário? A sua empresa tem escritórios no exterior? Você conhece igrejas ou missões de trabalho que poderiam ter a sua ajuda em qualquer uma das cidades onde sua empresa tem escritórios? Pode sugerir uma transferência?

Você é aposentado? Como e onde passará esses anos?

Uma mentalidade moldada pela Grande Comissão mudará a maneira como você pensa sobre as grandes decisões da vida. E isso nos leva ao próximo capítulo.

CAPÍTULO 9

VOCÊ DEVERIA FICAR OU IR?

Para cumprir a Grande Comissão, os primeiros discípulos *foram*. Mas eles não estavam continuamente *indo*.

Às vezes, os jovens cristãos ouvem o comando de "ir" e o tratam como o comando fundamental da vida cristã. Essa é uma maneira bastante deturpada de pensar. Uma vez que você *vá*, você precisa *ficar*. Se você estiver sempre *indo*, algo jamais será feito, exceto o acúmulo de milhas aéreas. Para que o "ir" tenha algum significado, você precisa ficar por um tempo significativo — algumas semanas, alguns anos e talvez o restante da sua vida.

A questão que cada cristão enfrenta é: devo mudar para onde o evangelho agora não é conhecido, para ser parte de uma equipe de plantadores de igrejas lá? *Ou* devo me unir a uma equipe que planta uma nova igreja ou ajuda a recuperar uma igreja nas proximidades?

Ou devo ficar em minha igreja atual, adorando, discipulando e evangelizando enquanto apoio outros que saem?

Todas as três opções podem ser boas. Elas dependem de quem você é e do que o Senhor o está chamando a fazer.

DOZE FATORES PARA CONSIDERAR

Quero sugerir doze fatores para você considerar enquanto decide se permanece em sua igreja atual ou se muda para outra congregação local ou internacional. Você deve considerar:

1. O propósito da sua mudança. Se você está pensando em sair, seu propósito seria em grande parte negativo: sair por causa de algo que você não gosta em sua igreja atual? Ou o seu propósito seria em grande medida positivo: edificar um trabalho do evangelho em outro lugar? Se você for, precisa ser por razões positivas. Além disso, você não deve ir baseado em um sentimento de culpa ou de falsos ideais sobre o que um cristão "maduro" faria. Objetivos negativos, culpa equivocada e ideais falsos não o sustentarão em meio aos desafios de apoiar uma obra nova ou de revitalização.

2. A teologia e a filosofia do ministério. A igreja ou a equipe de plantação de igrejas que você está considerando crê e ensina a Palavra de Deus de modo correto?

Eles têm um entendimento bíblico tanto do evangelho quanto do que é uma igreja?

3. Evangelismo. Você pode levar os seus amigos não-cristãos a essa igreja pois sabe que eles ouvirão o evangelho e que eles o evangelho fielmente vivido? (Obviamente, esse pode não ser o caso em um projeto de revitalização, pelo menos a princípio).

4. Edificação. É certo que você deseje crescer como um cristão. Portanto, você deve se esforçar para estar em uma igreja que o ajuda a crescer espiritualmente. Você está crescendo em sua igreja atual? Você acha que cresceria em outra? "Ir" poderia ser espiritualmente prejudicial para você ou para outra pessoa? Pense em como os comissários de bordo em um avião lhe dizem para colocar a máscara sobre o seu próprio rosto antes de colocá-la sobre o rosto da pessoa que viaja com você. Da mesma forma, é bom que você cuide de sua própria saúde espiritual em primeiro lugar. Você precisa ser capaz de "respirar" e crescer espiritualmente se quiser ajudar outros.

Existem três categorias diferentes de pessoas na igreja: as pessoas descontentes, as pessoas que estão indo bem e as pessoas que estão crescendo maravilhosamente. As pessoas descontentes geralmente não devem se unir a uma equipe de plantação ou de revitalização de igreja. Agora, para fazer uma confissão plena, minha *tentação* como pastor é enviar exatamente essas pessoas! Mas isso não é sábio. Se você está infeliz em sua igreja atual, é provavelmente melhor para você ficar entre as pessoas que o conhecem bem e podem ajudá-lo a tratar as causas desse descontentamento. Além disso, você pode levar o descontentamento consigo para a nova igreja que precisa de sua ajuda. Se você pertence ao terceiro grupo — você atualmente está crescendo bastante — também pode querer ficar em sua igreja atual por um tempo. Você está crescendo! Não pare o que você está fazendo! Agora, se esse crescimento tem perdurado por algum tempo, talvez seja bom conversar com um presbítero e pensarem sobre o assunto juntos.

As melhores pessoas para participar de um projeto de plantação ou revitalização são, frequentemente, as do grupo do meio. Pois esse grupo contém a maioria das pessoas em uma igreja. Se você faz parte desse grupo, você está indo bem. Você está crescendo, mas lentamente, nada excepcional. Você é constante e pode ser uma verdadeira ajuda para um novo trabalho. Isso pode até lhe dar "uma pequena sacudida"!

5. A natureza estratégica do trabalho da igreja. Esse é um trabalho que parece particularmente importante, para o qual você gostaria de contribuir e sente que pode fazê-lo? Existe uma oportunidade estratégica e vocacional dada por Deus que poderia oferecer oportunidades para apoiar uma igreja em particular, especialmente no exterior? Existe um grupo de pessoas que você deseja alcançar com o evangelho?

6. O ministério que você tem atualmente em sua igreja. Considere o ministério que Deus já lhe deu e tenha muito cuidado em sair se um ministério específico depende de você. Talvez as suas habilidades de ensino ou de discipulado estejam sendo bem usadas, ou talvez você possa usá-las melhor ao "ir". Talvez você construa relacionamentos rapidamente, e isso seria bem útil em um novo local. Ou talvez você leve muito tempo para formar relacionamentos de tal forma que você pode querer pensar um pouco mais antes de se mudar. Se você não é atuante no ministério em sua igreja atual — na evangelização, no discipulado e no encorajamento — há poucas razões para pensar que você o seria em outra igreja.

7. Os pastores específicos que você estaria apoiando. Você pode ter um relacionamento pessoal com um homem ou a família dele. Ou talvez você tenha se percebido crescendo de forma marcante sob o seu ensino. Essas são boas razões para ir e apoiar o trabalho, e que incentivo maravilhoso você poderia ser para os líderes e para os outros!

8. Geografia. Quão distante você mora atualmente de onde a sua igreja se encontra e onde a maioria dos seus membros moram? A sua proximidade ajuda na frequência regular, na facilidade de se voluntariar e une a sua vida com a vida de outros membros? Como o lugar onde você mora influencia o ministério evangelístico que você tem na vida de seus vizinhos ou na vida de seus colegas de trabalho? Se você mora longe, pode ser usado para estabelecer ou incentivar um bom trabalho mais perto de onde mora? Se você mora perto, eu o desencorajaria a se unir a um novo projeto, a menos que esteja disposto a ir para onde quer que o novo projeto esteja acontecendo.

9. Momento da vida. É legítimo pensar sobre o momento da sua vida. Você é solteiro? Você deseja encontrar um cônjuge que concorde com você teologicamente e praticamente em sua compreensão da vida cristã? Se você é um pai, a futura igreja será um bom lugar para você discipular a sua esposa e seus filhos?

10. A situação de suas finanças. Novamente, é totalmente legítimo que considere se você não pode custear a sua situação atual ou quaisquer possíveis situações futuras. Você conseguirá pagar o aluguel? E a educação dos seus filhos? E as outras despesas de subsistência? Paulo observa que "se alguém não tem cuidado dos seus e especialmente dos da própria casa, tem negado a fé e é pior do que o descrente" (1Tm 5.8). Por outro lado, você já considerou se realmente necessita de tudo o que supôs necessitar? Seja cauteloso com as suas suposições.

11. A situação de suas relações com os outros. Você deve deixar um lugar quando os seus relacionamentos são bons, não maus. Você não deve sair para evitar lidar com questões relacionais difíceis.

12. Oração. Você acha que Deus quer que você vá para outra igreja ou que fique em sua igreja atual? Temos liberdade em Cristo. Muitas vezes, há mais de uma boa escolha diante de nós. Louvado seja Deus pela liberdade que nós temos.

ALGUNS DEVEM IR E ALGUNS DEVEM PERMANECER

Só porque uma mudança pode ser difícil não significa que você não deva ir. Tem sido custoso para a maioria dos santos obedeceram ao comando de Jesus para "ir". E, a menos que você more em Jerusalém, louve a Deus por alguém ter pagado esse preço e levado o evangelho à sua nação, à sua cidade e à sua casa, para que você tivesse crido!

O objetivo deste capítulo é dizer que alguns de vocês devem deixar as suas igrejas? Mais ou menos. Alguns devem *ir* para ajudar igrejas em dificuldades. Alguns devem plantar novas igrejas. Alguns devem ir para o exterior. E alguns devem *ficar*.

É claro que pessoas precisam ficar para que uma determinada congregação continue sendo uma congregação. Toda igreja precisa de consistência na liderança, no discipulado e nas amizades de longo prazo. Na verdade, *ficar* em nossa cultura é, muitas vezes, a coisa contracultural a se fazer, especialmente entre a geração mais jovem. Com todas as transições de carreira ou educacionais que caracterizam a vida urbana moderna, a coisa radical a se fazer por alguns será permanecer em um lugar por décadas.

Não importa o que você faça, não tome essas decisões precipitadamente. E não tome tais decisões sozinho, mas tome-as em oração e conversa com amigos que o conheçam bem e com pelo menos um presbítero que o conheça.

CAPÍTULO 10

O GRANDE OBJETIVO DA GRANDE COMISSÃO

O grande objetivo da Grande Comissão é a glória de Deus na igreja.

Se Jesus é a imagem do Deus invisível, como vemos Jesus hoje? Jesus não deve ser adorado através de símbolos físicos ou imagens. Não temos relato dele ensinando os seus discípulos a desenharem, pintarem ou esculpirem. Nós temos os livros que eles escreveram, mas não temos nenhuma imagem que fizeram para a nossa adoração.

Em vez disso, Jesus criou um povo para si mesmo através da pregação da Palavra. Na igreja, descobrimos a bênção da visibilidade do caráter de Deus. Na igreja, vemos como Deus é. Sabemos que o veremos finalmente quando virmos a sua face (veja 1Jo 3.1-3; Ap 22.4). Mas agora, na igreja local, todas as nações devem testemunhar a manifestação da glória da bondade e do amor de Deus e, assim, louvá-lo.

Cristo se identifica com as igrejas locais. A igreja é o seu corpo. Ele é a cabeça da igreja. Seu poder deve ser manifesto em nossas igrejas. Elas devem refletir a sua multiforme sabedoria. Elas devem tornar o evangelho visível. As igrejas são o seu plano de evangelismo. Elas são onde a autoridade do seu reino é exercida.

A igreja local é onde são feitos os discípulos. É onde esses discípulos são batizados em nome do Pai e do Filho e do Espírito Santo. É onde os cristãos são ensinados a guardarem tudo o que Cristo ordenou. E para essas gloriosas finalidades, Cristo nos prometeu o seu Espírito e a sua autoridade até que ele volte.

A plantação de igrejas é a atividade normal da igreja local. A Grande Comissão é normalmente cumprida através da plantação de igrejas. Rogo que você dedique a sua vida e a sua igreja a isso.

FIEL
MINISTÉRIO

O Ministério Fiel visa apoiar a igreja de Deus, fornecendo conteúdo fiel às Escrituras através de conferências, cursos teológicos, literatura, ministério Adote um Pastor e conteúdo online gratuito.

Disponibilizamos em nosso site centenas de recursos, como vídeos de pregações e conferências, artigos, e-books, audiolivros, blog e muito mais. Lá também é possível assinar nosso informativo e se tornar parte da comunidade Fiel, recebendo acesso a esses e outros materiais, além de promoções exclusivas.

Visite nosso site:
www.ministeriofiel.com.br

VOLTEMOS AO EVANGELHO

O Voltemos ao Evangelho é um site cristão centrado no evangelho de Jesus Cristo. Acreditamos que a igreja precisa urgentemente voltar a estar ancorada na Bíblia Sagrada, fundamentada na sã doutrina, saturada das boas novas, engajada na Grande Comissão e voltada para a glória de Deus.

Desde 2008, o ministério tem se dedicado a disponibilizar gratuitamente material doutrinário e evangelístico. Hoje provemos mais de 4.000 recursos, como estudos bíblicos, devocionais diários e reflexões cristãs; vídeos, podcasts e cursos teológicos; pregações, sermões e mensagens evangélicas; imagens, quadrinhos e infográficos de pregadores e pastores como Augustus Nicodemus, Franklin Ferreira, Hernandes Dias Lopes, John Piper, Paul Washer, R. C. Sproul e muitos outros.

Visite nosso blog:
www.voltemosaoevangelho.com

LifeWay
Biblical Solutions for Life

WORDsearch Bible
Powered by LifeWay

myWSB
Powered by B&H Academic

A WORDsearch® Bible, um ramo da LifeWay Christian Resources, tem fornecido software de estudo bíblico de alta qualidade desde 1987, servindo aqueles que mudam vidas através da pregação e do ensino. O WORDsearch® oferece a pregadores, professores e alunos da Palavra de Deus milhares de Bíblias e livros que tornam o estudo da Escritura mais rápido, fácil e agradável. O WORDsearch® também está disponível gratuitamente para celular e tablets e também através do site MyWSB.com.

Para mais informações, visite:
www.wordsearchbible.com

E-BOOK GRATUITO

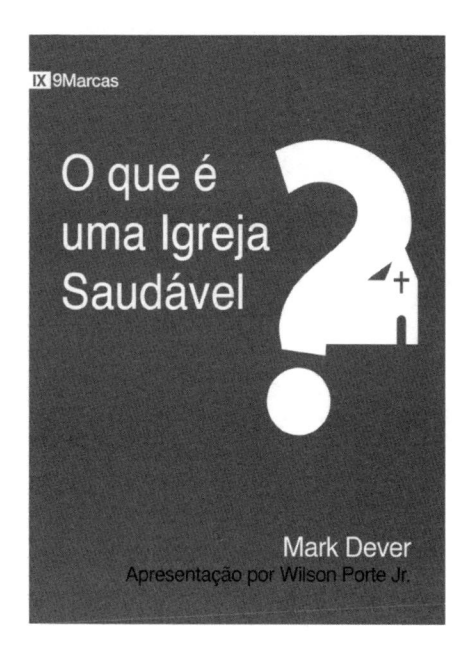

O que é uma Igreja Saudável?
Mark Dever
Apresentação por Wilson Porte Jr.

Sua igreja é saudável? Neste livro Mark Dever, procura ajudar os cristãos a reconhecer as características essenciais de uma igreja saudável: (1) Pregação Expositiva, (2) Teologia Bíblica, (3) Evangelho, (4) Conversão, (5) Evangelismo, (6) Membresia de Igreja, (7) Disciplina Eclesiástica, (8) Discipulado e (9) Liderança de Igreja.

Acesse e baixe gratuitamente:
www.ministeriofiel.com.br/ebooks

LEIA TAMBÉM

O Evangelho e a Evangelização

MARK DEVER

9Marcas

LEIA TAMBÉM

Quem é Jesus Cristo?

Greg Gilbert

LEIA TAMBÉM

O que é o Evangelho?

Greg Gilbert

Apresentação por D. A. Carson

9Marcas

LEIA TAMBÉM

Por que confiar na Bíblia?

Greg Gilbert

9Marcas

LEIA TAMBÉM

MARCAS DE UM EVANGELISTA

Conhecendo, Amando e Falando o Evangelho

MACK STILES

Prefácio por Mark Dever

Esta obra foi composta em Granjon LT STD 13.5, e impressa
na Promove Artes Gráficas sobre o papel Off Set 70g/m2,
para Editora Fiel, em Setembro de 2020